ジェイムズ・ホール／著
ジョン・ジュリアス・ノリッジ／まえがき
大木麻利子／訳

ミケランジェロ
と
コーヒータイム   Coffee with Michelangelo

三元社

コーヒータイム
人物伝

読者のみなさまへ
本書のインタビューは完全なフィクションですが、確かな歴史的事実に基づいて構成されています。想像上のインタビュアーが架空のミケランジェロにインタビューを行います。どのような対話の場が想定されているかは著者による「はじめに」をご覧ください。ミケランジェロの生涯を短くまとめた「小伝」のあと、インタビュー「ミケランジェロとコーヒータイム」が始まります。

＊本文中、〔　〕カッコ内に示しているのは訳者による補足です。

Coffee with Michelangero
All Rights Reserved
Copyright © Watkins Media 2007
Text copyright © James Hall 2007
Foreword copyright © John Julius Norwich
Japanese edition published by arrangement through The Sakai Agency

目次

まえがき　ジョン・ジュリアス・ノリッジ　*4*

はじめに　*8*

ミケランジェロ（1475-1564）小伝　*11*

ミケランジェロとコーヒータイム　*37*

    独学の反逆児　*38*
    身体美　*48*
    天才の「線」──詩とデッサン　*56*
    メスあるいは知の最前線　*64*
    「神のごとき」か「きわめて人間的」か　*72*
    専制君主と民主主義者　*79*
    女性の表現　*88*
    巨人主義　*97*
    大理石マニア　*106*
    画家は己を描くもの　*114*
    完成と未完成　*122*
    天国か地獄か　*130*

参考文献「読者の方々、私ミケランジェロ・ブオナローティと、もう一杯コーヒーをいかがですか」　*140*

索引　*142*

訳者あとがき　*146*

まえがき
ジョン・ジュリアス・ノリッジ

　天才といえば第一に思いつくのは「人が悪い」ということです。ミケランジェロは、ルネサンス時代の彫刻家・画家・建築家・詩人すべてを合わせたほどの大天才で、この人に不可能などない、そう思われてきました。しかし人間ミケランジェロは一筋縄ではいかない男だったのです。可能とあれば平気で仲間を蹴落とす、自らお墨付きの自伝を書かせて、ギルランダイオの工房で修業していた事実を伏せる、そのうえ、自分の家柄を鼻にかけるとてつもない俗物でもありました。1546年、甥にこう命令しているのです。「シジスモンドを説得して、セッティニャーノの農場からフィレンツェに帰らせなさい。あそこで牡牛を追っかけている兄弟がいるなどと言われるのはとんでもないことだ」。

　1494年、フランス国王シャルル8世がイタリアに侵攻すると、ミケランジェロは自分の庇護者ピエーロ・デ・メディチを置き去りにして、一目散にフィレンツェから逃げ出しま

した。実際の危険を恐れて、またときに「妄想」に駆られて、ミケランジェロは生涯にいくたびか逃亡するのですが、これは後者の最初でした。つづいてローマである騒ぎが持ち上がります。古代彫刻として売られた彫像が古色を装ったミケランジェロの作品だったことが発覚したのです。5年後、今度はフィレンツェで、共和国政府からの注文を競うコンペでは、競争相手のアンドレーア・サンソヴィーノを冷酷な手段で打ち負かし、ミケランジェロはカッラーラ産のすばらしい大理石の巨塊とともにそれを作品にする注文を獲得します。ローマに戻り、教皇ユリウス2世のための墓廟(ぼびょう)に着手すると、今度は、ライバルの建築家ブラマンテとラファエッロ——ミケランジェロはこの若い画家が大嫌いでした——による陰謀のせいで、この仕事は難題ずくめだ、などど苦情を並べ立てました。たしかに数々の難題がありました。ですが、そのかなりのものがミケランジェロ自身の創作上の問題でした。一方、相当な額の制作費用が教皇側から未払いにされていたのもおそらく間違いありません。

　こうした悶着(もんちゃく)のリストはまだまだ続きます。というわけで

「天才は許すべし」、これが天才訓第2条となるのです。あの贋作事件の発覚が弱冠25歳のミケランジェロを初めてローマに赴かせたからこそ、あの偉大な《ピエタ》が制作され、今それがサン・ピエトロ大聖堂内にあるのです。それにミケランジェロがサンソヴィーノを負かさなかったならば、あの《ダヴィデ》は生まれなかったでしょうし、法王ユリウス2世が、「わが本職は彫刻家だ、絵描きではない」というミケランジェロの激しい抗議──この人の頭のなかでは絵描きの生涯はずっと劣ったものなのです──を聞き入れていたなら、システィーナ礼拝堂は今とはまったく別様になっていたことでしょう。これらはまさに究極の、奇跡というほかない作品です。ほかにもミケランジェロは10本の指では足りないほどの作品を構想していました。これらの案のどれであれ、時代をリードする誰か別の彫刻家の手で実現されていたならば、それでも歴としたミケランジェロその人の傑作と見なされたことでしょう。教皇ユリウス2世廟は40体もの等身大彫像で飾られるはずでした。それは構想した本人にさえ野心的にすぎると思えていたのですが、1513年の教皇の死後、

制作資金がかなり削減されてしまったときには、おそらくミケランジェロ自身、予測していた事態だったとはいえ、殊更にそう思えたことでしょう。しかしだからといって、あの瞠目すべきモーセ像を世に出した仕事がまったくの失敗作でしょうか。そう見なすのはよもや不可能です。

　建築家ミケランジェロの仕事としてとりわけ記憶されているのは、ローマのカピトリーノ広場、そしてサン・ピエトロ大聖堂の頂塔です。どちらの完成も生きて見ることはかないませんでしたが、両方とも、ミケランジェロが予期していたような大方の姿を見せていると思われます。残された詩もまた、その大方が「断片」です。これほど多くの「未完成」作を残した偉大な芸術家がほかにいるでしょうか。

　しかしそれが一体、なんだというのでしょう。それこそがミケランジェロなのです。ミケランジェロは「己自身」を残しただけのことなのです。

ジョン・ジュリアス・ノリッジ

はじめに

　これからミケランジェロを訪ねて「インタビュー」をします。ほぼ4世紀半も前に亡くなってしまった巨匠に会って語らおうとは妙なことを言うものだ。そう思われるかもしれません。しかし16世紀イタリアでは、なかば虚構の対話という形式は、広く一般の人々に向かってある話題を提示するためのスタンダードな手法でした。反抗的な一匹狼で名高かったミケランジェロですが、気心の知れた相手とであれば、会話の弾む対話上手だったのは疑いありません。事実、1540年代に編纂されたふたつの対話篇——ひとつはポルトガル人芸術家フランシスコ・デ・ホランダ（1517-85）によるもの、もうひとつはローマへ政治亡命したフィレンツェ人、ドナート・ジャンノッティ（1492-1573）によるもの——に、ミケランジェロは雄弁な「話し手」として登場しているのです。

　本書の対話は、ジョルジョ・ヴァザーリ（1511-74）やアスカーニオ・コンディーヴィ（1525-74）のような、ミケランジェロの同時代人によって書かれた伝記をはじめ、ミケラ

ンジェロ自身の残した豊富な書簡や詩、口々に語り継がれた逸話や頻繁に引用された言葉など、様々な文献を掛け合わせたものです。そして、ミケランジェロならば口にしたと思われるような発言や事柄でそれらをつなぎ合わせました。この架空の対話の場所はローマ、そして時代は《最後の審判》制作のためのローマ入りから、その30年後、88歳の驚くべき長寿をまっとうしたその死までという設定にしました。ミケランジェロは本書のなかで、私たちがいまなお賞賛してやまないあの長き芸術家人生を、細部の正確さはともかく、つねに確信に満ちた口調で回想してくれます。

　インタビューにこれほど打ってつけの相手は思いつけないほどです。他の追随を許さぬ彫刻家にして詩人、しかも画家にして建築家、そのうえイタリア史の比類なき時代を生きたミケランジェロ。自説を曲げず、ずばりとものを言い、愚かな人間やライバルに我慢がならず、皮肉をこめた冗談を飛ばすことで悪名高かった芸術家。その心の内にはどんなドラマがあったのでしょう。ミケランジェロは生涯、永遠の亡命者のような思いを抱き続けていました。祖国フィレンツェとそ

の文化に対しては愛憎相なかばしていたものの、悪には容赦ない人で、同時代人に地獄落ちの宣告を下すことさえ厭わないほど激しい気性の人でした（これを文字通り実践したのが《最後の審判》の地獄に見えるミノス王です。その顔貌は教皇の儀典長ビアージョ・ダ・チェゼーナそっくりに描かれています）。

　「強度の視野狭窄症を病んだ奇人」、「とにかく富と名声、若い美男子、立身出世には目がない男」といった否定的なステレオタイプは、敵意むき出しでミケランジェロに噛みついた人々から生まれた最も辛辣な批評に属しています。

　本書を通じて、ミケランジェロが芸術家としてこの上なく偉大であったばかりか、勇敢かつ高潔な男であったことを知っていただけるならば幸いです。

ミケランジェロ（1475-1564）
小伝

　ミケランジェロ・ブオナローティは1475年3月6日、アレッツォ近くの小村、カプレーゼに生まれました。70代のミケランジェロは、弟子でミケランジェロ伝の作者、アスカーニオ・コンディーヴィを前にして「私が誕生したとき、天にはメルクリウス（水星）、ウェヌス（金星）、ユピテル（木星）が座していた。この星位は、いずれ私が『感覚を喜ばす技芸』の天才であることがわかるだろうという予言だったのだ」と語りました。この星位はその後も始終現れていたわけですから、これはミケランジェロの旺盛な想像力から生まれた作り話かもしれません。しかしたとえそうでも、この芸術家の目的意識の存在を語るきわめて有力な証言です。芸術家を選んだのは偶然でも生活の資のためでもない。ミケランジェロは天賦の才を活かして偉業を成し遂げるように、神から特別に選ばれた者と自覚していたのです。

　ミケランジェロはロドヴィーコ・ディ・レオナルド・ブオ

ナローティ・シモーニと、その妻フランチェスカ・ディ・ネーリ・ミニアート・デル・セーラの間に生まれた次男でした。父ロドヴィーコはフィレンツェの人で、カプレーゼの執政官の任にありましたが、ミケランジェロの誕生後まもなく、この短期間の職を退いて、故郷フィレンツェ、サンタ・クローチェ聖堂近くの実家に戻り、生後まもない息子を、市から数マイル離れたセッティニャーノに所有する農場の近くに住むある乳母(うば)に預けました。母フランチェスカはミケランジェロのほかに3人の息子を残し、1481年に亡くなります。ミケランジェロは母のことを何も語っていません。

　15世紀までのブオナローティ家は小規模の金貸し業で比較的繁栄していましたが、家運が傾いてからは、セッティニャーノの農場から上がるわずかな収入が頼りでした。ミケランジェロの父はとても高慢で選り好みの激しい性格だったので、なかなか定職に就くことができませんでした（あの短期間の執政官職はこの人の就いた数少ない正式な職でした）。だから、デッサンがしたいと次男が学業を疎(おろそ)かにしたとき、父は動揺しました。視覚芸術は頭よりも手を使う職業と見な

す伝統があったからです。しかし折れたのは父のほうでした（息子はすでにデッサンで稼いでいたのです）。ドメーニコ・ギルランダイオ（1449-94）とダーヴィデ・ギルランダイオ（1452-1525）兄弟は当時フィレンツェを代表する画家でしたが、ミケランジェロがこのふたりの率いる工房に入門していたことを示す1487年の記録があります。その翌年、父ロドヴィーコは息子を正式の徒弟修業に出し、ミケランジェロはそこで3年を過ごしたのです。

　およそ1年後、当時フィレンツェを事実上支配していたメディチ家がその才能に目をつけ、ミケランジェロはロレンツォ・デ・メディチ〔通称ロレンツォ・イル・マニーフィコ〕（1449-92）家の邸内に迎え入れられ、ロレンツォが彫刻家たちのために設けたサン・マルコ修道院わきの彫刻庭園で、彫刻家ベルトルド〔ベルトルド・ディ・ジョヴァンニ〕（1420年より後-91）の指導のもと、さらに修業を積むことになりました。この時代に制作された大理石作品2点が現存しています。《階段の聖母》と《ケンタウロスの戦い》（ともにカーサ・ブオナローティ所蔵）です。後者の主題はイタリアのとりわけ名高い古典学

者にして詩人、アンジェロ・ポリツィアーノ（1454-94）から示唆を受けています。優れた教養人の集う知的環境に受け入れられ、ミケランジェロは自らも詩作し、詩を愛誦する教養を育んだのです。

　1492年、ロレンツォ・デ・メディチは亡くなりますが、政治的狡猾さで父に劣った息子ピエーロ（1478-1534）にミケランジェロは仕えつづけ、ヘラクレス像（消失）を彫りました。人体解剖に立ち会い、生涯にわたる人体の解剖学的研究がはじまるのもこの頃です。1494年、フランス軍がイタリアに侵攻し、フィレンツェにまでその脅威が迫ったとき、ある友人の夢に、ぼろぼろの黒マントひとつに身を包んだ亡きロレンツォ・デ・メディチが現れ、差し迫った災禍を告げます。この話を聞いて怯えたミケランジェロはフィレンツェを脱出し、はじめヴェネツィアへ、さらにボローニャへと逃れます。フィレンツェでは、熱狂的なドメニコ会説教師ジローラモ・サヴォナローラ（1452-98）に鼓舞された市民たちがピエーロ・デ・メディチを追放し、この説教師を精神的な指導者と仰いで、第1次フィレンツェ共和国を樹立します。ミケラン

ジェロはフィレンツェの守護聖人、《洗礼者ヨハネ》(消失)を彫るために一時フィレンツェに戻りますが、1496年、ローマに移り住みます。

　このローマ行きには理由がありました。ミケランジェロは莫大な富を所有する教皇庁副尚書院長、枢機卿ラファエーレ・リアーリオ（1460-1521）に呼び出されたのです。枢機卿は美術商にだまされて、古代のものと偽った彫刻を買わされました。しかしそれはミケランジェロが彫ってわざと古く見せかけた《眠るクーピドー〔キューピッド〕》(消失)だったのです。贋作と知った枢機卿は当の芸術家を捜し出させますが、自分の彫刻庭園を満たす多数の古代彫刻のなかにこの芸術家のものも加えようと、すぐさま大理石の《バッコス〔バッカス〕》（フィレンツェ、バルジェッロ美術館）を彫らせる契約を交わしました。けれども酩酊した酒神の姿に狼狽した枢機卿は、それを取引のあった銀行家（ミケランジェロとも取引があった）ヤーコポ・ガッリ（1450年より後?-1505）に売り払ってしまいます。引き取って自分の彫刻庭園に飾ったこの銀行家はその後もミケランジェロを何かと支援してくれ

ました。1497年に大理石の《ピエタ》〔死せるキリストとそれを哀悼する聖母マリアの群像〕の注文を得たときにもこのガッリの手助けがあったのです。《ピエタ》はサン・ピエトロ大聖堂わきに造られた個人礼拝堂〔新サン・ピエトロ大聖堂建築時に取り壊された〕内の、あるフランス人枢機卿の墓碑を飾るものでした。同年秋、ミケランジェロは制作に適した石塊を選定する目的でローマを離れてカッラーラに向かい、フィレンツェ北西にあるこの地の石切場に翌春まで滞在します。以来、質の高い大理石を求めて、この地をいくたびも訪れることになります。

　1500年完成の《ピエタ》（ローマ、サン・ピエトロ大聖堂）は細部まで入念に仕上げられた傑作で、世人の認めるミケランジェロ初の成功作です。また唯一、署名の見える作品（聖母マリアが肩から掛けた飾り帯の上にある）でもあります。いまや売れっ子となったミケランジェロには、フィレンツェに残してきた資産のない家族（家族との、とりわけ癇癪持ちの父との間には何かと確執が生じていました）への援助はもとより投資すら可能なほど、経済的に余裕が生まれていました。

1501年、ミケランジェロはフィレンツェに戻り、身の丈4メートル（約14フィート）を超える大理石の《ダヴィデ》（フィレンツェ、アカデミア美術館）を彫ります。これほど巨大な裸体像は古代以来のことでした。この像は1504年にフィレンツェ共和国評議会の本拠、フィレンツェ市庁舎〔現ヴェッキオ宮〕前広場に設置され、人々の大きな賛嘆の声に迎えられましたが、まもなくその露わな性器と優美に整えられた陰毛は金箔を施した花綱で覆われてしまいます。いまや国外の芸術庇護者(パトロン)もミケランジェロの芸術に魅了されていました。フランス国王の寵臣からブロンズ製《ダヴィデ》（消失）を、フランドルの織物商人からは《聖母子》（ブリュージュ、ノードル・ダーム大聖堂）の注文を得ました。大作の注文を溢れるほど受けたのです。しかし名だたる庇護者にその腕を見込まれ、超大作の注文が殺到する一方で、ミケランジェロの芸術的生涯に「未完成のプロジェクト」が目立つようになるのもこの時期です。注文主の要求とミケランジェロの「法外なもの」を、「もっとすごいもの」を創ろうという考えが作品の完成の前に立ちはだかるようになったのです。

デッサンのなされた紙面に数行の詩文が書き込まれるようになるのもこの頃のことです。ミケランジェロ自作の詩や、ペトラルカをはじめ、トスカーナ地方の偉大な詩人による作品からの引用でした。その最も早い例は《ダヴィデ》の右腕のための習作に見られるもので、韻を踏んだ2行連句が腕の素描のわきに見えます。この詩でミケランジェロは巨石からダヴィデ像を彫り出す自らの挑戦を、旧約聖書にある巨人ゴリアテ〔ゴリアト〕と戦うダヴィデの挑戦に重ね合わせているのです。彫刻家の行為を英雄の行為にも似た困難な使命と見なすことで、ミケランジェロは彫刻を卑しい肉体労働と蔑(さげす)む人々——例えばレオナルド・ダ・ヴィンチ（1452-1519）——に応酬したのです。またこの頃、円形の聖母子像3点が制作されています。大理石の未完成作品《ピッティ・トンド》（フィレンツェ、バルジェッロ美術館）と《タッデイ・トンド》（ロンドン、王立美術アカデミー）、そして、現存する唯一完成されたミケランジェロの板絵《トンド・ドーニ》（フィレンツェ、ウフィツィ美術館）です。

　1503年にミケランジェロは、フィレンツェ大聖堂(ドゥオーモ)〔サンタ・

〔マリア・デル・フィオーレ聖堂〕に設置する12体の等身大を超える大理石像、「キリストの12使徒像」の注文を受けます。さらに1504年にはフィレンツェ共和国政府から、フィレンツェ政庁内に新設された評議会広間を飾る壁画、フレスコの戦闘図（おそらく5.80×17.40メートル）を依頼されます。この《カッシナの戦い》の中央部分に当たる黒チョークによる実物大下絵(カルトーネ)（分断され消失）は、それが及ぼした多大な影響ゆえに有名ですが、そこにはアルノ河での水浴中に出撃命令を受け、急いで身支度を調えるフィレンツェ軍兵士たちが描かれています。当初このフレスコはレオナルド・ダ・ヴィンチによる別の戦闘図〔《アンギアーリの戦い》〕と補完し合ってひとつの主題を表現するはずでしたが、結局フレスコ画は完成されず終いでした。というのも、ミケランジェロは1505年、選出されたばかりの教皇ユリウス2世から、この人自身のための巨大な墓廟の制作を命じられ、ローマへ招聘(しょうへい)されたからです。以後、ミケランジェロの主な庇護者（注文主）は歴代の教皇となり、この人たちによってミケランジェロは世界一高額の報酬を支払われた芸術家になるのです。

教皇ユリウス2世の墓廟を古代ギリシャ・ローマ人に負けない記念碑にしたいと考えたミケランジェロは、高さのある3階建構造の、およそ40体の人物像と多数の浮彫で飾られた墓碑を構想します。大理石調達のために1505年の5月から12月まで滞在したカッラーラで、ミケランジェロは岩壁の両脇に巨像を彫るという途方もないことを思いつきますが、空想と戯れてもいられずローマへ戻ります。しかしこの滞在は長くありませんでした。教皇は中央イタリア征服を目論んでいました。戦争の出費はもとより、サン・ピエトロ大聖堂の改築、さらにミケランジェロにシスティーナ礼拝堂の天井フレスコ画を描かせる計画が同時期に重なっていました。これでは教皇廟の制作が延び延びになる恐れがありました。1506年4月、こうした有様に幻滅した彫刻家はフィレンツェへ向かって密かにローマを発ってしまいます。ローマへ戻れという教皇の手紙をミケランジェロは平然と無視し、フィレンツェ大聖堂を飾る12使徒像のうちの1体、《聖マタイ》(フィレンツェ、アカデミア美術館) に着手します。しかし外交的な面倒が大事に発展するのは回避しなければならず、謝罪の

ためにミケランジェロは、教皇ユリウスが陥落させたばかりのボローニャに送られます。許されたものの、そこでミケランジェロはボローニャ聖堂〔サン・ペトローニオ教会〕の中央扉の上に設置する、教皇の巨大なブロンズ座像の雛型を塑形し、鋳造して、仕上げるという、途方もない注文を任されることになったのです。この像は1508年に完成されたものの、わずか3年の命でした。というのも、1511年に教皇の軍隊がボローニャから駆逐されると、このブロンズ座像は熔かされ、大きな大砲に鋳直されてしまったからです。人々はこの大砲のことを教皇への軽蔑を込めて、ユリウスその人を指す「ラ・ジューリア」〔ジュリア（ユリウス）の女性形〕のあだ名で呼びました。

　1508年、教皇ユリウスの命令で、システィーナ礼拝堂に天井フレスコ画を描くことになったミケランジェロはローマに赴きます。そして4年をかけ、あの古今未曾有の大天井画を描き上げました。1513年、教皇ユリウス2世の逝去で、メディチ家のレオ10世〔ロレンツォ・イル・マニーフィコの長子〕がその座を引き継ぎます。新教皇レオの寵愛をはじめに受けたのはラファエッロ（1483-1520）でした。より若いラファエッ

ロの愛らしく優雅な様式が気に入られたからばかりではなく、ミケランジェロは扱いにくいと思われたのです。1513年、ミケランジェロは故ユリウス2世の遺言執行人たちとの間でユリウス廟の契約を結び直すと、そのために3体の像、《モーセ》(ローマ、サン・ピエトロ・イン・ヴィンコリ教会) と2体の《囚われ人》(《瀕死の奴隷》と《反抗する奴隷》、パリ、ルーヴル美術館) を彫り始めます。さらに3年後の1516年に3度目の契約が結ばれます。前教皇一族の政治的権力が衰えていったように、墓碑全体の規模も契約のたびに縮小され、またその制作に費やせるミケランジェロの時間もますます削減されていきました。この2年前、1514年に、ミケランジェロは別の契約にも署名していたからです。それはローマのサンタ・マリア・ソプラ・ミネルヴァ聖堂のためのもので、《復活のキリスト》を彫る契約でした。このキリスト像は1521年に完成され、同教会内に設置され、現在もそこにあります。

　ユリウス廟の制作は1516年にまたもや中断されます。ミケランジェロは教皇レオに説得されてフィレンツェに戻り、メディチ家が政権を奪還したこの市で、もう一度メディチ礼

拝堂の、つまりサン・ロレンツォ聖堂の壮麗な建物正面〔ファッサード〕の制作に従事することになったからです。この建築の見所はたしかに多数の彫像や浮彫ですが、これはミケランジェロの請け負った最初の大がかりな建築の注文でした。しかしこの契約は膨らみ続ける経費や、手がけていた仕事の優先順位の変更のために、1519年に破棄されてしまいます。これでユリウス廟の制作続行が可能になったため、今度は複数の大きな奴隷像（フィレンツェ、アカデミア美術館）が新たに着手されます。1518年、ミケランジェロはローマの朋友に命じて、アトリエに残していたカルトーン（下絵や素描）をすべて焼却させてしまいます。それらはシスティーナ礼拝堂天井画の制作過程で生まれた下絵だったと推測されます。生涯には、ほかにも多数の素描が破棄されただろうと思われます。

　ミケランジェロの評判はますます高まり、1520年にアレッサンドロ・ダ・カノッサ伯爵（生没年不詳）が尊ぶべき縁戚であることを保証すると述べた手紙を送って寄こすほどでした。ミケランジェロは心から喜んで、貴族の血筋であることを承認しました。

ユリウス廟のために新たに着手した一連の奴隷像がまだ仕上がらないうちに、ミケランジェロはサン・ロレンツォ聖堂に新しい聖具室を構想する契約を交わします。このいわゆるメディチ礼拝堂はメディチ家一族4人の墓碑を納める場所で、その制作はたびたび中断されています。まず1521年に教皇レオ10世の逝去で中断されますが、2年後の1523年、再びメディチ家からクレメンス7世（ジュリオ・デ・メディチ、1478-1534）が教皇の座に就いたときに再開されます。翌1524年、ロレンツォ・デ・メディチの収集した手稿類や書籍からなる名高いコレクションを納めるための図書館〔ラウレンツィアーナ図書館〕を、やはりサン・ロレンツォ聖堂内に建てる契約が交わされます。しかしこれも、1527年の皇帝〔神聖ローマ皇帝カール5世、在位1519-56〕軍によるローマ占領で、教皇が逃亡を余儀なくされると中断されます。つづくメディチ家のフィレンツェ追放により、第2次フィレンツェ共和国が樹立されます。このときミケランジェロは市の城塞防築を任され、要塞の設計案を複数描いています。1529年、政治情勢が揺れ動くなか、身の危険を感じたミケランジェロは短期間ヴェ

ネツィアに逃れます。1530年の夏、メディチ家が政権を奪還すると、ミケランジェロは身を隠そうとしますが、教皇クレメンス7世に赦免されて、サン・ロレンツォ聖堂の仕事を再開します。同じ頃、フィレンツェ市の新しい統治者、バッチョ・ヴァローリ（1477-1537）のために《アポロ〔アポロン〕》（フィレンツェ、バルジェッロ美術館）が制作されています。

　父ロドヴィーコとの激しい感情的対立は長年ミケランジェロの重荷でしたが、1531年に父が亡くなると、息子は2篇の詩で父を追慕しました。同年、アルフォンソ・デステ公（1476-1534）注文になる板絵《レダと白鳥》（消失）を完成させますが、受け取りに来た使者のあまりの傲慢さに、ミケランジェロは作品の引き渡しを拒否してしまいます。翌年、ユリウス廟のための4度目の契約が交わされ、ミケランジェロはローマへ赴く長旅の途上、10代の美しい貴公子トンマーゾ・デ・カヴァリエーリ（1509-87）に出会い、熱烈な恋に落ちます。ミケランジェロは愛の詩をいくつも詠み、神話的な主題のすばらしいデッサンを残しました（大半はウィンザー王立コレクション）。1530年代のはじめ、ローマを拠点

に銀行業を営むフィレンツェ人の友人、ルイージ・デル・リッチョ（?-1546）がミケランジェロの詩を将来、詩集に編んで出版しようという意図から、まずまずの出来映えの数篇を写しによって人々に広めます。しかしこの計画は1546年のリッチョの死で頓挫してしまいます。1532年、詩人アリオスト（1474-1533）は叙事詩『狂えるオルランド』のなかで、ミケランジェロのことを「神のごとき人」と形容しました。これを嚆矢（こうし）として、多くの人々がこの芸術家に「神のごとき」という賛辞を用いるようになったのです。

1534年、ミケランジェロはサン・ロレンツォ聖堂の仕事を未完成のままフィレンツェを発ち、以後この都市に戻ることはありませんでした。フィレンツェのメディチ家新政権に共感できなかっただけではなく、システィーナ礼拝堂の祭壇背後を飾る「最後の審判」の壁画をすでに注文されていたのかもしれません。同年9月に教皇クレメンス7世は逝去しますが、つづくファルネーゼ家の教皇パウルス3世〔アレッサンドロ・ファルネーゼ〕（1468-1549）は、ミケランジェロを教皇庁宮殿直属の主席建築家・彫刻家・画家に任命し、《最後の審判》

の注文を確定します。1536年に教皇パウルスが勅令を発し、ミケランジェロを一旦ユリウス廟制作の義務から解くと、本格的に《最後の審判》の制作が開始されます。ミケランジェロが敬虔(けいけん)な貴族の詩人ヴィトーリア・コロンナ（1492-1547）に出会うのはこの頃のことです。ミケランジェロはこの侯爵夫人に、キリストの生涯を主題としたデッサン数点（ロンドン、大英博物館；ボストン、イザベラ・ステュアート・ガードナー美術館）や、多数の詩を献呈しました。

約13.7×12.2メートル、およそ400人の人物を配した《最後の審判》は1541年に完成します。瞬く間に賞賛を勝ち取り、版画に複製されたことでその評判はヨーロッパ中に広まりました。けれども描かれた多くの人物が一糸纏(いっしまと)わぬ裸であることが論議を呼ぶことになります。ヴェネツィアの作家ピエートロ・アレティーノ（1492-1556）は1550年にある手紙を出版します〔ミケランジェロ宛に書かれたのは1545年〕。過去にミケランジェロを嗾(そそのか)して素描をせしめよう企んだものの、失敗に終わった経験のあるアレティーノは、その手紙でこのフレスコ画は猥褻(わいせつ)だと非難し、しかも教皇ユリウス廟の制作費請求は横領

に当たるとしてミケランジェロを告発しました。この論争はミケランジェロの死後まもなく、部分的な描き直しで人物に衣服や腰巻きを着せる形で決着します。

　ローマへ亡命し定住していたフィレンツェ共和主義者たちと親交のあったミケランジェロは1540年頃、古代ローマ共和制の英雄、ブルートゥス〔ブルータス〕の胸像（フィレンツェ、バルジェッロ美術館）に着手します。フィレンツェの暴君アレッサンドロ・デ・メディチ（1511-37）が1537年に殺害された事件を記念するためでした。1542年にユリウス廟のための5度目の、最後の契約が交わされ、1545年にはその設置に至りますが、墓碑は最初の案よりかなり縮小され、しかも当初予定のサン・ピエトロ大聖堂内にではなく、ローマのサン・ピエトロ・イン・ヴィンコリ教会内に据えられました。また《モーセ》（当初の構想では3段からなる墓碑の最下段の隅に置かれる予定でした）は最終的に中央に据えられ、いわばその本尊の位置を占めていましたから、ローマで暮らすユダヤ人たちが《モーセ》を一目拝もうと列を成してやって来ました。ミケランジェロが未完成のままフィレンツェに残

していた彫像や、助手たちの完成させた像を使って、メディチ礼拝堂の改修が行われたのもこの年のことです。

　フィレンツェへの帰還を、せめてメディチ礼拝堂の仕上げ方の指示がほしいという再三の求めにもかかわらず、ミケランジェロは大公コージモ・デ・メディチ１世（1519-74）を承認していなかったこともあり、協力を断ります。メディチ礼拝堂は芸術家の安息の場、文学者が寓意像〔《昼》《夜》《黄昏》《曙》〕と想像の対話を交わす場となっていました。ミケランジェロは自らも、「夜」は〔目覚めれば〕語ると詠ったある詩に、〔悪に満ちた世を見ないように「夜」を目覚めさせるな、という〕陰鬱な詩を詠んで応じました。

　1544年と1546年にミケランジェロは重篤な病になり、フィレンツェからの亡命者ロベルト・ストロッツィ（1520-66）邸に寄寓して看病を受けます。感謝のしるしとして、かつてユリウス廟第２案のために制作したものの、その後、別のものに取り代えられた彫像、《囚われ人》２体をストロッツィに贈りました。

　1537年、ミケランジェロはカピトリーノの丘の頂上の広

場、カンピドーリオを合理化する方法について助言を求められます。1546年にはサン・ピエトロ大聖堂の主任建築家に任命され、以後、その制作時間の大半を建築——彫刻や絵画よりも肉体的負担が少ない——が占めるようになります。ファルネーゼ家出身の教皇パウルス3世からローマのファルネーゼ宮完成を命じられたのも同年のことです。サン・ロレンツォ聖堂内のメディチ家図書館は、ミケランジェロがフィレンツェからの求めに応じて1558年に階段室の模型を同市へ送ることで、その後ようやく完成を見ることになりました。

　ミケランジェロは手がけたものすべての革新者ですが、建築ほどその急進的(ラディカリズム)な創作態度が明瞭に現れた分野はありません。あのヴァザーリでさえ、ミケランジェロがサン・ロレンツォ聖堂で示した、古典的な規範を嘲笑するかのような態度に当惑し、それに影響された者は「比例に、つまり古典的な規則に従った」建築を忘れて、「グロテスクな」建築装飾を生むだろうと述べました。

　ミケランジェロ生涯最後の絵画となったのは2点のフレスコ画、《サウロ（聖パウロ）の回心》と《聖ペテロの磔刑》です。

いずれも約6.25×6.61メートルで、ヴァティカン宮殿内のパオリーナ礼拝堂側壁に描かれました。74歳のミケランジェロが1550年に完成させたこの2作は、重量感のある人物像と抑制的な色彩を特徴とする、衒(てら)いのない作品です。

フィレンツェ出身の同時代人たちは、ミケランジェロの偉大さに少しの疑いも抱きませんでした。1546年にフィレンツェの歴史家で詩人のベネデット・ヴァルキ（1502/03-65）は、フィレンツェのサンタ・マリア・ノヴェッラ教会でミケランジェロの詩について講演し、それを1549年に出版しています。1550年にはジョルジョ・ヴァザーリ（1511-74）がいわゆる『美術家列伝』初版を出版します。ミケランジェロは選ばれたただひとり存命中の芸術家でした。ひとりの美術家の伝記が生前に出版されること自体が前代未聞のことでした。ミケランジェロはすべての芸術で頂点に立ち、古代ギリシャ・ローマ人さえ凌駕(りょうが)したというヴァザーリの賞賛にもかかわらず、その記述のなかにはミケランジェロを激怒させたものがありました。工房の助手だったアスカーニオ・コンディーヴィは1553年、師の許しを得て新たな伝記を執筆し、

ヴァザーリの記述の多くを「修正」するとともに、重要な事柄をより明瞭にして出版します。以来、若き日のミケランジェロは独学独歩の人で、同時代人からなんの教えも受けなかったと、まことしやかに語られるようになりました。また教皇ユリウス廟をめぐる「悲劇」について、ミケランジェロには注文不履行(ふりこう)を咎(とが)められる非はない、むしろ経費を未払いにした注文主の側にその非があるとコンディーヴィは書いています。さらに、ミケランジェロは卑劣でも隠し立てをする人でも、人付き合いの悪い人でもない、また少年に不純な考えなど抱くような人ではない、と述べています。

　1550年頃から亡くなる1564年までのミケランジェロは、魂の救済にいっそう関心を向けるようになります。1550年には、フィレンツェの《ピエタ》(フィレンツェ、大聖堂付属美術館)についての最も早い言及が現れています。この大きな大理石群像を、ミケランジェロは自分の墓に使うつもりで彫ったのだろうと思われますが、おそらく大理石にひび割れが見つかったため、一部を切断してしまったのです。通称《ロンダニーニのピエタ》(ミラノ、カステッロ・スフォ

ルツェスコ）の制作が着手されるのは1552年頃のことです。生涯の最後を飾るはずだったこの《ピエタ》もまた未完の作になってしまいました。震えたような線描で描かれた数点の磔刑図（《十字架上のキリスト》、ロンドン、大英博物館；《聖母マリアとヨハネのいるキリスト》、パリ、ルーヴル美術館）もまた、自らの救済の祈りを込めて創られたものと思われます。1550年にはローマの特別な七教会を巡礼し、さらに1556年にもロレートに残る聖母マリアの家を目指して巡礼の旅に出ますが、教皇の命でローマへ呼び戻され成就しませんでした。ミケランジェロが行った重要な喜捨の日付を見ると、1540年代後半に始まっています。またミケランジェロはこの頃から、サン・ピエトロ大聖堂の仕事は報酬目当てなどではなく、「神への愛」からしたものだと公言するようになっていました。こうした発言にもかかわらず、ミケランジェロは月々、教皇から法外な額の俸給を得ており、その額は、スペイン国王〔カルロス1世、在位1516-56〕に仕えたティツィアーノ（1488/90頃-1576）が絵画制作で得た報酬の、少なくとも12倍に及んでいました。

1564年2月18日、ミケランジェロはローマで88年の生涯を閉じます。看取った者のなかには、身を固めて2児の親となった、あのトンマーゾ・デイ・カヴァリエーリがいました。遺骸はフィレンツェに戻され、ヴァザーリをはじめ、フィレンツェのアカデミア・デル・ディセーニョ（1563年の創設時に、ミケランジェロは満場一致で名誉会員に選ばれていました）の会員たちが松明行列を成し、ミケランジェロの教区教会、サンタ・クローチェまで運んで行き、そこで柩の蓋が開けられました。死後22日も経っていたにもかかわらず、奇跡的にまったく腐敗が見られなかったと伝えられています。これはミケランジェロが神聖な人であることの証と見なされました。偉大な男の顔に触れようと、人々が次々と列をなしてはまた離れて行きました。

　メディチ家の大公コージモ1世は、ミケランジェロが死ぬ前にローマの工房にあったデッサン類すべてを焼却したと聞き、「あの巨匠に似つかわしくない行為だ」と困惑の色を露わにしました。フィレンツェのメディチ家のためにミケランジェロが手がけた仕事のなかには未完成のものがまだあった

にもかかわらず、その構想を知ろうにも、もはや手がかりとなるものすら失われてしまったからです。そうとはいえ、このフィレンツェの統治者は、サン・ロレンツォ聖堂内メディチ礼拝堂で、同年7月14日にミケランジェロのための盛大な記念礼拝を挙行する許しを与えました。アカデミア会員がとりまとめ役となって準備が整えられ、そのときの礼拝堂内はミケランジェロの生涯の主要な出来事を物語る柩台と絵画で飾られました。ベネデット・ヴァルキの長い弔辞(ちょうじ)が読まれ、それはすぐさま出版されました。またアカデミアは手の込んだ墓碑の設計に取りかかり、それは1575年にサンタ・クローチェ教会内に設置されて、除幕式の日を迎えます。こうしたことの費用を負担したのは、ミケランジェロのたったひとりの後継者、甥のレオナルド・ブオナローティでした。

ミケランジェロとコーヒータイム

いよいよインタビューを始めましょう……

マエストロ・ミケランジェロ、さあ、こちらへお願いいたします！

ここから先は、12のテーマをめぐる架空の会話です。

インタビュアーからの急所を押さえ、探りを入れる質問に、

巨匠（マエストロ）ミケランジェロが打ち解けた態度で淀みなく答えてくれます。

ゴシック体で書かれた文字は質問、

明朝体の文字はミケランジェロの回答です。

独学の反逆児
THE SELF-TAUGHT REBEL

　ミケランジェロは権威に逆らい時流に抗し、しかも他からの教えをいっさい受けずに独力で一人前になったと自らの天才を主張した最初の芸術家です。ミケランジェロのこのような個性はロマン主義時代以降、人々が好んで受け入れるところとなります。しかし依然、伝統主義者は、独創性では劣るものの素直なラファエッロを、向上心溢れる芸術家の好ましい手本としていました。師と仰げるほどの芸術家はいなかったとミケランジェロ本人が頑固に主張したため、ヴァザーリはやむなく記録文書を公表し、ミケランジェロがギルランダイオの工房で修業した事実を証明しました。ミケランジェロがどうやって彫刻技術をマスターしたのか、いまなお謎ですが、当時のフィレンツェでは、新しい技術を短期間でマスターしてしまう芸術家が出ることは、それほど異例なことではなかったのです。

── マエストロ、このたびはこれまでの記録事実を訂正する試みに同意してくださり、感謝いたします。まず芸術家として一人前になるまでの経緯と、なぜ芸術家を志されたのかを教えてください。

良家の子息は大概そうだったのですが、まず読み書きを習う文法学校(グラマー・スクール)に入りました。俗語（イタリア語）だけではなくラテン語も習ったのです。それほど勤勉な生徒ではありませんでした。デッサンへの関心のほうがずっと強かったし、彫刻がやりたくて仕方なかった。私の家はセッティニャーノに農場を所有していましてね、そばに有名な石切場があって、そこに行っては石工(いしく)の仕事をじっと観ていたものです。赤ん坊のときにも、あそこに住む、乳の出のいい乳母のもとに預けられていたんです。あの乳母も石工の娘で石工の妻だった。だから、あの乳母のお乳と一緒に彫刻家の鑿(のみ)と鎚(つち)も吸い込んだんだ、いつも私はこう答えてきました。

　父は手仕事を軽蔑していたので、私が芸術家になりたいと思っているのを知って顔色を変えましたよ。何か別の仕事を

ミケランジェロとコーヒータイム　　39

選んでくれたら優れた者になるだろうに、そう考えると、父はなおさら平静でいられなかったのです。ちょくちょく殴られました。ですが私がデッサンを売って稼ぎ出してからは、そういうことは少なくなりました。父には内緒でしたが、じつは売ったもののなかには名だたる巨匠の作品の模造もあってね、わざと古く見えるように紙に手を加えたんですよ。何しろ私の家族にはお金が必要だったのです。弟たちがいくらか稼ぐようになっても、私ほどに稼げる見込みがなかったんでね。決定的な転機は12歳でやってきました。父が修業に出してくれたんです、ドメーニコ・ギルランダイオとダーヴィデ・ギルランダイオ兄弟の率いる工房へ。それから1年か、もう少したった頃に、私の才能をロレンツォ・デ・メディチが見込んでくれたのです。ロレンツォの館に住み込んで、サン・マルコ修道院わきにあったメディチ家の彫刻庭園でさらに研鑽を積むことになったのです。

―― ギルランダイオの工房でどんなことを学ばれたのか教えてください。

何も学ばなかったに等しいですね。あの工房のスタッフはああした人たちですから。ギルランダイオ兄弟とお抱えのアシスタントたちの一団がひっきりなしにフレスコ画や祭壇画を制作していました。もちろん、実力ある人々でした。レオナルドのところのように、内輪揉めやスタッフの離反などありませんでした。ですが、あの兄弟の工房はとにかく陳腐だったんですよ。風格ある上品な人々が、そろってデザイナーの手がけた衣装やアクセサリーを身につけて、流行の家具調度に囲まれていました。何より気にくわなかったのは庇護者や有名人たちの、実物よりもよく見せた肖像画で、しかもそれが、洗練された風景を背景にした聖書の物語画のなかに、場面にお構いなく描き込まれていたことですかな。どんなちっちゃな部分も可愛らしく一生懸命に描写するのはフランドル美術から来ています。こういう類の絵を好むのはご婦人——とくにかなりお年を召した方やとてもお若いご婦人——、それから修道士や修道女、調和を感じる感性に欠けた貴族たちです。だからギルランダイオ兄弟が私のことを本当には好きにもならず、理解しもしなかったのは当然なのです。私に嫉

妬していたんです。私の素描を見ては、ただただ力強いというばかりではねぇ、僕たちのブランドに合わないですね、そんな風に思っていましたよ、あのふたりは。あるとき別の徒弟の描いた素描を、優雅に襞をつくった衣装を着た婦人を幾人か描いたものでしたがね、その輪郭線を私がもっと太いペンでぐいぐい描き直して、重量感に満ちた力溢れる表現にしたら、あの兄弟、かんかんになって怒りましたよ。

―― ですが、あの工房の修業で得たこともきっとあるはずですよ。デッサンをする習慣を身につけましょうとか、古代の作品や初期フィレンツェ派の芸術家たち、例えばジョット（1267頃 -1337）やマザッチョ（1401-28）の作品を研究しましょうとか、そういうことをあの兄弟から教わったにちがいありませんよ。

もちろんですとも。あの兄弟は私たち弟子を育ててくれました。フレスコ画と板絵の正統な技法だって、私はあそこで学びました。ですが間違ったことを教わってはいけません。た

しかにあの兄弟は偉大なフィレンツェ派の芸術家や古代人を賞賛していましたが、私に言わせれば、あれは口先だけのものにすぎません。本当に心からの敬意を捧げたのは私です。余分なものをすべて剝ぎ取って、人間とその行為の本質に、その核心にまで迫るあの厳しいまでの単純さの点で、私はあの先人たちと張り合おうとしました。ギルランダイオ兄弟の関心は近頃の芸術をひじょうに損なっている元凶、いろんなものを鵲みたいにあちこちから集めてくるやり方の一種にすぎません。つまり「なんでも屋」なんです。マザッチョからこれを、古代からあれを、といった具合に引用してくるんです。数々の引用が基本フランドル派流のごった煮のなかに投げ入れられて、画趣のある細部ができあがっています。植物や動物や衣装などを描写してはならん、そんなことを言うつもりはありません。私だって《トンド・ドーニ（ドーニ家の聖家族）》で細い草の葉を一本一本描いたのを誇りに思っていますからね。メディチ礼拝堂の《夜》の足元の梟や、ロレンツォ・デ・メディチ像の身につけている手の込んだ鎧もそうです。しかしこれらはすべて「添え物」にすぎま

せん。人間の足は靴よりも高貴で、人間の皮膚は人間の服になる羊皮よりも高貴なのです。それが理解できずに、芸術の善し悪しを判断できるでしょうか。

　不幸なことに、昨今の芸術家は卑俗な自然ばかりに心を奪われ、しかもそれに中心的役割さえ与えてしまっている。レオナルド、ラファエッロ、ティツィアーノは、香水の匂いをぷんぷんとさせた宮廷人たちが豪奢な服を脱ぎ着するところばかり観察していたのです。それにあの哀れな老アルブレヒト・デューラー（1471-1528）。この人はずっとゲルマン（ドイツ）人しか観なかった。ドイツ人の美術が粗野で焦点を欠き混乱しているのも不思議ではありません。私たちはひとつの衰退期を生きているのです。ギルランダイオ兄弟にはその責任がありますね。

—— それからメディチ家の彫刻庭園に移られます。よくなったことはなんでしょうか。

ロレンツォは前途有望な芸術家たちを招いて、邸内に居場所

を与えました。私たちは視野を広げることや自己省察を促されました。その庭はアーケード付の回廊で囲まれていて、古代作品で一杯でした。現代の作品を集めたメディチ家の収集品にも接することができました。1488年にアンドレーア・デル・ヴェロッキオ（1435-88）が亡くなって以来、フィレンツェには優れた彫刻家が数少なく、ロレンツォは一生懸命に彫刻家を育成していたのです。あの館では皆が一緒に晩餐の席に着くことになっていたから、話し相手は芸術家に限られていたわけではありません。実際、教養を備え、はっきりとものの言える芸術家はそうはいませんからね。私はあそこで偉大な詩人や学者と出会えたんです。例えば、ロレンツォの子どもたちの家庭教師だったアンジェロ・ポリツィアーノです。ふたりでダンテ（1265-1321）やペトラルカについて話しました。私のために主題を探して来てくれさえしました。大概は神話ものでした。私の浮彫、《ケンタウロスの戦い》（フィレンツェ、カーサ・ブオナローティ）ですが、この主題を勧めてくれたのもポリツィアーノでした。もちろん私はそれをそのまま使うなんてことはしませんでしたがね。それ

ミケランジェロとコーヒータイム　　45

から、あの彫刻庭園にあった古代作品を修復したり、その複製を作ったりしました。あの庭園を管理していた彫刻家ベルトルドはブロンズ像が専門だったので、一体どうやって石像の彫り方を学んだんだって、よく尋ねられるのです。セッティニャーノやフィレンツェにいたときに、人がやっているのを観察して自分で習得したのです。大理石を彫るのは驚くほど簡単です。複雑な化学反応はまったく含まれていません。一番肝要なことは、大理石ブロックひとつひとつの持つ潜在力を理解すること、そして前もってデッサンをして、蝋や粘土の塑像(そぞう)モデルを作り、徹底して計画的に進めることです。それから、自分自身を鍛えて強靱(きょうじん)にしておくことです。

―― 建築ではどんな訓練をされましたか。

中世には石切場で徒弟として修業し、石工の諸段階を踏んでからはじめて建築家になれたのですが、以来ずっと、人の上に立つ一流の建築家を育てるにはより幅広い基礎が要ると考えられています。視覚芸術家はデッサンを基礎とする諸芸術

の専門家ですから、この視覚芸術家から最も優れた建築家が生まれるのですが、視覚芸術家は視覚芸術家で、建築家の素養と物の見方を自らの制作に採り入れる必要があります。ブルネッレスキ（1377-1446）は金細工と彫刻の修業をした人ですし、ブラマンテ（1444-1514）は画家として修業したのです。

　教皇ユリウス2世の墓廟は巨大な建築的構成物で、大作の設計はあれが初めての経験でした。またシスティーナ礼拝堂の天井画では、絵で描く巨大な建築の枠組をデザインしました。この描かれた建築枠組こそがあの絵の成功の決め手で、緊張感とうねるような視覚的リズムを生んでいるのです。私は石切場での作業の進行をよく知っていますから、この点では大方の人よりずっと伝統的な教育を受けています。それに建築現場で働いてくれる石工や大工ともきわめて良好な関係を築いています。最良の建築家は自らデッサンし粘土で雛型を作りますが、さらに詳細な設計図に描いたり、実際の建築物に移行させたりする段階では他人の手に任せるのです。だから私はいつも言うのです。コンパスは眼に持つべきで、手にではない、とね。

身体美
THE BODY BEAUTIFUL

　男性裸体像はミケランジェロ芸術の核心に位置し、その取り組みも独特のものでした。以後、男性裸体に取り組む者は誰もがミケランジェロとの対決を迫られることになります。「ミケランジェロ的なもの」を変奏して、本当に説得力のある男性裸体を発展させたのはカラヴァッジョ（1571-1610）とロダン（1840-1917）のほかには見あたりません。ミケランジェロの裸体表現は一面ではかなり類型化されているとみることもできます。事実、同時代に、ミケランジェロの人物像はひとつ見ればすべてを見尽くしたのも同然だと述べて、その玉に瑕を残念がったヴェネツィア人もいました。しかしミケランジェロはこの最愛のテーマに生涯をかけて取り組み、同じ姿勢や身振りをほとんど繰り返さなかったどころか、情動の微妙な差異さえ区別し、数え切れないほど多様な人物像を生み出しました。

―― マエストロ、男性裸体に魅了された理由をお話しください ますか。生涯一貫して、一度も離れることなく取り組まれた課題ですね。

美術の取り組むべき真の主題はただひとつ、英雄的な男性像、その行為と情念です。英雄的な男性裸体像には原型がふたつあります。ひとつはアダム、もうひとつはキリストです。この課題に求められるすべてがこのふたつの理想に尽きます。

―― マエストロの男性裸体、とりわけ初期のものには他の追随を許さぬ美しさがあります。サン・ピエトロ大聖堂の《ピエタ》の死せるキリスト像や大理石のダヴィデ像、それからシスティーナ礼拝堂天井画の裸体青年像（イニュード）やアダム像です。作者ご自身は、この男性裸体像の美に、観る者がどう反応すると考えられていたのですか。

男性の身体は神の最も偉大なる創造です。神ご自身の息子の受肉によって神は人となりました。女性でも馬でも木でもな

く、人間の男性になられたのです。キリストの肉体は人間身体の美の極致です。ですから私たちは美しい男性の観照を通じて、つねに神の本質に近づいているのです。私たちにはそれを崇（あが）める資格が与えられているだけではなく、そうする義務があるのです。

　すでにキリストの受肉に先立って、神は古代ギリシャ・ローマ人に男性の身体を崇めるように感化し、それによって、キリスト出現への道をつけてくださいました。異教徒だった古代人はこのことを完全には意識できなかったのですが、古代人の手から生まれたこのうえなく偉大な男性裸体像のすべてがキリスト出現の預言なのです。ですからあの〔ベルヴェデーレの〕《アポロ〔アポロン〕》は人間の罪を贖（あがな）う人としてのキリストの予兆、そしてあの《ラオコーン》〔ヴァティカン美術館蔵。1506年にローマで発掘された〕はキリストの受難の予兆なのです。教皇ユリウスはこれらの彫像をヴァティカン宮殿に運び込ませ、石のなかに彫られた神聖な教えとしていつも礼拝していました。

　私も眼に見える形で現れたキリスト教の前史を自分自身の創作にしばしば利用してきました。《聖マタイ》像や、《十字

架上のキリスト》のデッサンは、発掘現場で見たあの《ラオコーン》像から発想を得ています。また、システィーナ礼拝堂に描いたアダム像の上半身は、あの《アポロン》像から発想を得ました。

―― なんて魅力的な解釈でしょう。ですがマエストロ、あなたほど男性裸体像ばかりに関心を集中している芸術家はいないように思いますが……。そもそもあなたの時代には「裸」自体に当惑する人もいました。あの〔大理石の〕ダヴィデ像は瞬く間にその局部が覆い隠されてしまいましたし、聞くところでは、《最後の審判》も同様の件で検閲にあったそうですし……。

男性ヌードは本来、善なるものです。キリスト教の本質なのです。だから男女を問わず、裸体を見て身体的に反応するような心得違いの魂の持ち主が少数いるからといって、あのような覆いなどすべきではありません。なるほど、私たちのような男性身体の崇拝者がときに自らを辱めるようなことをし

たのも事実です。また古代ギリシャ人は少年と肉体的な関係を結ぶことに熱心でしたし、私たちフィレンツェ人もこの類のことではヨーロッパ中で有名です。

しかし、年長けた者は若い者の庇護者として行動すべきだという基本理念はまったく尊ぶべきものですから、数少ない悪習のために、男性同士の友情という理念そのものが信頼を失墜するようなことがあってはなりません。哲学者にして司祭のマルシリオ・フィツィーノ（1433-99）はロレンツォ・デ・メディチ家の館の一員でしたが、この人が同性間の関係を、つまり青少年が成人男性の知性美を享受し、成人男性が少年の若き身体美を享受することを指して、「プラトニック・ラブ」の語を造語したのです。フィツィーノは肉体的な関係を嘆きましたし、私はいつも若者たちに、不適切な欲望が制御できずに身体を燃え立たすようなことがあったら、それを鎮めるようにしなさいと一生懸命に言ってきました。芸術家は精霊が降りてきて霊感を受けるときには、できるかぎり聖人のようにあるべく心がけねばなりません。私が作品に少年を描くことはごく稀です。私の男性裸体に何か特定の傾向が見

られるとすれば、それは年齢で、少年期から30代はじめの間を選ぶことがしばしばです——後者はキリストが亡くなった年齢とされており、また私たちが最後の審判の日に復活するときの年齢です〔キリスト教には、人間は復活のときに完全な肉体をもって甦るという信仰がある〕。

—— では、あなたの《最後の審判》が信仰から外れているとか、猥雑だと言うのなら、間違っているのはそのように言う人のほうなのでしょうか。

教皇付きの儀典長ビアージョ・ダ・チェゼーナ（1463-1544）は、私ミケランジェロが教皇の礼拝堂をスキャンダルの火種となるような、ああいう人物像で一杯にしたと教皇に訴えました。そこで私は、あのフレスコ画に現れる冥界の審判者、ミノス王に、この儀典長だと見てすぐにわかる外貌を与え、1匹の蛇がその局部に噛みついているところを描いたのです。ビアージョはあの場面で、死後の復活とは古い肉体を棄てること、いわば「肉の着替え」を伴うとようやく悟ったところな

のです。人間が頭のてっぺんから足の先まで羊の毛皮を着ているなどとは一言も言っていません。私たちは裸で神の御前に立たねばならないのです。私の男性像がひじょうに多く裸体なのは、そこにいつも、最後の審判の日にある人間の姿がいわば含意として込められているからなのです。

──　ですが、マエストロがお考えの、男性ヌードを礼讃する男性だけの社会には、女性にほとんど居場所が与えられていません。女性の居場所はどこにあるのですか。

周知のように、エヴァは神の祝福という点で善悪両義的です。実際、古代人の考えでは、アルカディアは男だけの楽園で、そこで男性はなんの憂いもなく長生きし、樫の木から食べるものを得られるとされていました。アルカディアの場面に女性が表現されるのは時代がずっと下ってからのことで、そのときにパンドラとあの魔術（災い）の箱が登場するのです。システィーナ礼拝堂天井画のあの「イニュード（裸体青年像）」に、私は樫の枝の束を担がせています。男性だけだっ

たあの黄金時代をそれで想起させようと意図したのです。創造されたばかりのアダムはまだ古い世界の一員です。だから、大きさも体格もアルカディアの男たちとよく似ているのです。私の考えでは、ときに男性が女性のことを煩わしく思うのは、男性は誰もがこの男性だけの黄金時代に戻りたいと憧れるものだからなのです。

　しかし、だからといって、この習性が絶対というのではありません。そのことを示す偉大な例外があります。聖母マリアです。マリアはエヴァの罪を贖ってくださるのです。そして私の友、あのすばらしいヴィットーリア・コロンナも例外のひとりです。美はもとより慈悲深さも備えた女性です。私はこの人に捧げる叙情的な短詩(マドリガル)を詠みました。それはこう始まります。「女性のうちに住まう男性よ、なるほど、あなたのその口を通して、神が語っているのだ」。私の《最後の審判》をのちほどじっくりご覧ください。祝福されて天国へ入ることを許された者たちのなかには女性がたくさんいるのが見えます。しかし地獄落ちの者たちは全員が男性なのです。

ミケランジェロとコーヒータイム

天才の「線」——詩とデッサン
THE LINE OF GENIUS

　ルネサンス期を生きたフィレンツェの芸術家にとって、デッサンは芸術すべての父でした。線描(デッサン)は文章術や数学、そして学問的な、すなわち専門的な図解とも密接だったので、デッサンに熟達していることは、絵画と彫刻が手仕事的芸術ではなく知性的な活動であるという主張を補強したのです。今日、現代美術のアーティストについて、「そもそもこの美術家はデッサンができるのだろうか」と問う人は、フィレンツェのデッサン伝統という火を絶やさずに守ってきた番人なのです。あの時代にミケランジェロが高い評価を受けたのは、何よりもデッサン家あるいは製図家としての技量において卓越していたからなのです。老齢になってすら、ミケランジェロには靴を脱いで座り、3時間もデッサンしつづける習慣がありました。そしてこれを手本として見倣(なら)うように弟子たちに熱心に勧めていたのです。

——　マエストロ、私がお邪魔している、ここローマのアトリエには、至る所にデッサンが山積みです。この見事なデッサンを拝見していると、マエストロの芸術の真髄に入り込んだ気がしてきます。

ごもっともです。私たちフィレンツェ人は素描(デッサン)のことを「ディセーニョ」と言いますが、それは「構想(デザイン)」のことです。素描(デッサン)を通じて、私たちは思考し計画し解決するのです。フィレンツェ人はいわば銀筆を銜(くわ)えて生まれてくるのです。フィレンツェは世界でも屈指の識字率を誇っていますし、ダンテとペトラルカ、ボッカチョ（1313-75）とポリツィアーノを輩出した、古代以来最も偉大な詩人や著述家たちを生んだ国です。「ディセーニョ」なしには、永続的な価値の創造などないのです。

　デッサンを公衆の面前に示すことを最初にやったのもフィレンツェです。レオナルドが《聖アンナと聖母子》の実物大下絵(カルトーネ)を見せたのです。それから、私たちふたりがそろって、フィレンツェ政庁内の評議会用大広間を飾る予定

だったフレスコ画、あの戦闘図のための実物大下絵(カルトーネ)を展示しました。誰もがそれら下絵を「全世界の学校」と呼んで、歓呼で迎えましたよ。もちろん、大抵の人は私の《カッシナの戦い》のほうを見にきたのですがね。記念に少しだけでもください、そう言って皆がしきりにせがんだものだから、結局このデッサンはいくつもの断片に切り分けられてしまったのです。こういうフィレンツェ人と、正道を外れたくだらないことをやりたがるヴェネツィア人は好対照です。ヴェネツィア人にはまともな作家がいません。せいぜい下卑(げび)た表現や冗談を好むアレティーノが挙げられるくらいです。美術家ときたらデッサンすらしないのです。ヴェネツィアの画家は素描で準備をせずに、いきなり画布の上に筆で描くのです。こういうやり方だから、ティツィアーノの絵はいつも気が抜けていて、骨抜きの人物像ができあがってしまうのです。

—— では、マエストロの作品ではデッサンと文章術、フィレンツェのふたつの偉大な伝統が合流し、力を出し合っているということでしょうか。

まさしく。例はたくさん示せます。私はしばしばデッサンのわきに詩文を書き留めていますから。

　ちょっと、お待ちください、たしか……。(一番そばにあるデッサンの山から1枚を取り出しながら)

　そうです、これがあの大理石の《ダヴィデ》の右腕のためにやった習作です。腕の横をご覧なさい、優美なイタリック体で書いてあるでしょ、韻を踏んだ2行連句が。これは私の若書きの詩です。いわば私個人の銘のようなものですが、「石投げ紐を手にしたダヴィデと、弓を手にした我」と詠んでいます。この制作を任されたとき、私は20代前半でしたが、これはその後の生涯を決定する注文でした。私はこの一句で、弓状の手の付いた錐、弓錐(きり)を利用して、大理石の巨塊を彫るという大仕事に取り組む自分自身を、巨人ゴリアテを相手に戦うダヴィデになぞらえていたのです。すぐ下には、ペトラルカから引用した1行が書き込んであります。私のなかでは、絵の創作と詩作が並行して進むのです。その高貴さ、またその美においても、このふたつは同等なのです。なのに、私が現れるまでは、美術家よりも文筆家のほうがずっと名望ある

存在と見なされてきたのです。ところで、私はダンテの作品を空で言えるんです、〔『神曲』の〕『天国篇』だって。どの箇所でもいいですから言ってみてください。最初から最後まで暗唱して見せますから。

── 願ってもないお申し出とはいえ、今はまず、別の質問をさせてください。お察しするに、マエストロは実物を前にしてのデッサンをひじょうに重要とお考えです。記憶に基づいてデッサンするのではいけないのですか。

自然から出発するほうがいいのです。自然は源泉です。偉大なフィレンツェ人と古代人は皆、自然をよく観察し、その最も崇高な面を観ることで偉大になったのです。芸術に真に重要な題材は英雄的な男性像であり、それを説得力ある表現にするには、実際の男性ヌードを眼前において、それが呼吸し、動き、体の一部を別の部分に押しつけたり、外界と接触したりしている様を観察します。目に見えるものをそのまま写し取るだけでは十分じゃないのは言うまでもありません。脈打

ち、鼓動するのを感じなけれ
ば、芸術は空の貝殻も同然です。
断っておきますが、スケッチ・
ブックを使っていつでもデッサ
ンできるようになったのは私の
時代、この時代のことなのです。
ようやく最近、布くずを材料に
した比較的安価な紙が豊富に手
に入るようになったのです。前
世紀に印刷技術が発明されて、
出版が驚くほど普及したおかげ

使用済みの紙の裏に残るミケラ
ンジェロのメモ（1518年）
カーサ・ブオナローティ蔵

です。それでも私はいまだに1頁全体にいくつものスケッチ
を描いて、紙を無駄なく使っていますよ。裏にはよく購入品
のリストを書くことにしています。

——《カッシナの戦い》を、実物大下絵(カルトーネ)のままで公衆に示さ
れたというお話でしたが、それは教皇ユリウスからあの墓廟
の制作を命じられて、急いでローマに発たれなければならな

かったからですか。ご自身のデッサン類はあまり公にはされず、後年、焼かれてしまったということですが……。

そうです。ほかの芸術家に見られたくないんです。まだスケッチの段階ではアイデアを盗まれるかもしれませんからね。でも仕上がったデッサンなら喜んでお見せしますとも。私がした実物大下絵(カルトーネ)をもとに、友人の画家の手で彩色画に仕上げられた作品もあります。最近では、神話に取材した歴史画シリーズをそうやって制作しました。キリスト像のデッサンもいくつか描きましたが、それは完成させずに親友への贈り物にしてしまいました。トンマーゾ・デイ・カヴァリエーリやヴィットーリア・コロンナです。カヴァリエーリはデッサンの勉強中だったので、私はそれらの素描類をいわば通信教育の――もっとも正式なものではありませんがね、その一課程として彼に送ってやったんです。私がカヴァリエーリのために考案した指導法ですよ。

―― **作品の構想段階で、とりわけ彫刻や建築の場合、マエ**

ストロは素描を描かれますが、蝋や粘土で雛型(モデル)を作られることもあります。このアトリエにもあちらこちらに、そうしたものがたくさん置かれています。ダヴィデ像の注文を獲得されたときにも、まず審査提出用の小さな模型(モデル)を蝋で作られ、それから実物大の粘土塑像もいくつか作られています。習作素描(スケッチ)が先ですか、それともそれに相当する模型が先ですか。

どちらが先かはあまり重要ではありません。模型が先のこともあります。何しろ神がアダムを土から形作られたときに、素描をする必要があったとは聖書に書かれていませんからね。画家でも蝋や粘土の模型を必要とすることはしばしばあります。ギルランダイオが人物の姿勢や衣装の襞の落ち方を研究できるように、私が模型を作ってやったものですよ。デッサンのできない彫刻家、逆に塑像の作れない画家が多すぎるのです。芸術家の名に値する人ならば、素描にも模型の制作にも熟達しているものだろうと思いますよ。

ミケランジェロとコーヒータイム

メスあるいは知の最前線
CUTTING EDGE

　男性身体の解剖学的な知識とそれを表現する能力においてミケランジェロの右に出る者はいませんでした。その基礎には人体解剖の実践経験がありました。ミケランジェロは著名な外科医のレアルド・コロンボと共著で図解入り解剖学書を、また別に人体の動きと身振りに注目した芸術家のための図解書を出版するつもりでした。しかしどちらも日の目を見ませんでした。その解剖の腕前は誰もが賞賛していたものの、ミケランジェロの表現する裸体は筋肉や血管が目立っているために、皮を剥がれた体のようだと難癖をつける批評家もいました。しかし実は、人体を知り尽くした者だからこそデフォルメすることでこの上ない表出力を獲得できるのであり、ミケランジェロにはその自信があったのです。

―― マエストロ、昨日、生きたモデルのデッサンが話題になりましたが、死んだモデルのデッサンもなさることには触れませんでした。

そうでした。じつは今日の午後、解剖に行くつもりなんです。偉大な解剖学者の友人、レアルド・コロンボ（1516頃-59）が、あのイエズス会の創設者、イグナティウス・デ・ロヨラ（1491?-1556）を解剖しているところで、私には姿の端正な若者の死体を提供してくれたんです。ムーア人の海賊で、生きていれば奴隷に売られたのでしょうが、死んでしまったのです。解剖は素早くやるのが肝心です。防腐剤もないし、死体の腐敗は本当に早いのです、夏はとくにね。なんなら、一緒にいらして、ご覧になりませんか。

―― はあ、ご親切なお申し出に感謝します。ですが、私の胃袋がちょっと、耐えられそうにありませんので……。

よーく、わかります。そう容易いことではないのです。私の

胃もいまのところなんとか耐えていますが、近いうちに諦めざるをえないでしょう。あのムーア人がたぶん私の最後の解剖です。といってもコロンボが特別な連れを、教皇や司教などと一緒に現れなければの話ですが……。

　それより、ご質問にお答えします。はじめて解剖に深く首を突っ込んだのはロレンツォ・デ・メディチの館に住み込んでいたときでした。フィレンツェのサント・スピリト教会の修道院長に木彫のキリスト磔刑像を作ってあげたのが縁で、この人が解剖に立ち会わせてくれたんです。教会の付属病院から運ばれてきた死体を、修道院長が提供してくれた一室で解剖しました。古代の彫刻をご覧になれば気づかれると思いますが、芸術家には人体の外側はもとより、その内側を詳細に理解することも決定的に重要です。古代人の解剖学的知識は飛び抜けて豊かだったのですが、それを私たちが中世という暗黒時代に失ってしまったのです。

——　それでは、あなたの時代、キリスト教教会は死体解剖を承認していたのですか。

異端として知られるカタリ派〔アルビジョワ派〕の信者たちが霊的な「善」の神と物質的な「悪」の神が区別されると主張して以来、すぐれて進歩的な聖職者たちは自然科学を支持してきたのです。ただし、神の創造が絶対的に「善」だと科学が証明しうるかぎりにおいてです。死体解剖は、人体という奇跡の本当の価値を理解するためにわれわれ全員に役立つのです。古代人を導いていたのもこの同じ基本理念です。あの偉大な解剖学者ガレノス（129頃-216頃）は、解剖学なくして神学の完成はない、解剖学は万人の知となるべきだ、そう考えていたのです。人体を解剖してそれに驚嘆することは、私にとって神を崇めるに等しいのです。キリストの受肉はいわば人体解剖に与えられる信任投票なのです。サン・ピエトロ大聖堂にある私の《ピエタ》を観て、あのキリストの身体に驚嘆してくれるのなら、私としては、解剖学と美の一体化という妙にこそ、驚嘆してほしいのです。

―― いわば、人体を外側から見たときに得られる驚嘆と、内側から見たときのそれとは、同じ驚嘆でもかなり異質だと

いうことなのですね。死体解剖はかなり不快でつらい作業ですから、あなたのように繰り返し実践するのは「苦行」にちがいありません。

まったくです。あれほど死について私に考えさせるものはありません。私の作品を観る人は、人間の皮膚の下に何があるのかを感じとることで、自らに死期が迫ったときのことも考えるべきなのです。

── では、解剖の実践に生涯、関心を抱かれたのは、たんに創作に役立つからではないのですね。死体内部を見て得た知識いかんで、力強く運動している生きた人体の表現もちがってくる、この主張に明らかな理由づけはないことになりますか。

それは言い過ぎです。生きて動く身体はどこかぼやけて見えるのを避けられません。そうした身体を説得力ある表現にして見せるには、要所はどこか、皮膚の下に実際に何があるの

かを知っていなければなりません。これこそ、因習的なものの見方という偽装を暴く唯一の方法です。

―― では、あなたの芸術は自然主義の枠に収まらないということにもなりますね。あなたの輪郭線はそれ自体の生命を得ているからです。しかも、私にはどうしたって、あなたの意識のほとんどが男性トルソー（胴体）に集中していて、その大きさも重要性も「誇張」されていると見えるのです。このトルソーの理想化も解剖学の知識に由来するのでしょうか。

トルソーとはいわば、頭脳と性器を、腕と足脚を、上半身と下半身を、右半身と左半身をつなぐ道、これらすべてが交差する場所です。複数の筋肉や生命維持に欠かせない器官がそこに一番集中しています。とりわけ心臓です。この認識の根拠を解剖が与えてくれたのです。レアルド・コロンボは生きた動物を公衆の前で解剖することで有名です。私も生体解剖をやって見せたことがありますが、心臓がどれほど大切かを私たちに理解させてくれるのはこの解剖だけです。私の作品

が情動に強く訴えるのは作品の焦点が心臓に、つまり感情の動力源に置かれているからなのです。「人間の胸に備わる窓、それが開かれているとき、私たち人間は感情を隠しておけず、人目に晒(さら)すことになろう」。ソクラテス（前469頃 - 前399）のものと伝えられる言葉ですが、これに同感です。私はこの「窓」を人の心に向かって開こうとしているのです。

—— メディチ礼拝堂では寓意的な男性像《昼》を彫られました。先ほどその素描を見せていただきましたが、胃から胸元に当たる部分に「顔」が描かれています。何か理由があるのですか。

あれはもちろん、冗談です。ですが、芸術家ならば普通は「顔」に求めるものを、私が人間の「トルソー」に求めているのは事実です。だから私には肖像への関心が希薄なのだし、人物像では頭部をきつい角度でひねらせて体の脇のほうへ向けさせているのです。そうすると、観る者が像と目を合わせにくくなるのです。顔はどんなに美しくても、あまりにも変

幻自在で、人間の恒久的な本質を表現できないことになりがちなのです。心は眼に見えないものなのに、人はそれを自分自身の根拠としています。思うに、この人間の性(さが)が、人を真実の獲得から遠ざけているのです。人間の顔は波頭にも似て、あっと言わせ、とても美しい。しかし、泡立つ波のようにはかなく、あっけないのです。

―― では、あのものすごい解剖の経験からも、人間身体の全体像は見えてこなかったのですね。心臓部と頭部を共に備えたあなたの人体図を期待していたのですが……、例えばレオナルドの「ウィトルウィウス（84頃-15頃）的人体図」のようなものには、抵抗がおありのようですね。

動けなくされた人間の姿なんかに、一体どんな真理があるんでしょうか。心（臓）を捨てた人間にされてしまったんだから、取り戻すしかありません。最後の審判の日に救済されるには「ライオンの心（臓）（勇猛果敢）」が要るんですよ。

「神のごとき」か「きわめて人間的」か
DIVINE OR VERY HUMAN?

　ミケランジェロはその時代に誰よりも人々の尊敬を集め、また申し分のない報酬を与えられた芸術家でしたが、毒舌で傲慢で疑い深い性格だったために、扱いにくい人でした。才能と心の激しい動揺を兼ね備えていたことから、「苦悩する天才」の典型的なイメージがミケランジェロから生まれました。また、自分の家のかつての財産と名声を「取り戻したい」という熱望がいっそうミケランジェロを鼻持ちならない、貪欲な男にさえしていました。カノッサ伯爵との親戚関係という事実無根の申し出を、ミケランジェロは有頂天になって受け入れたのです。このことは、この芸術家が社会的な昇進という誘惑にどれほど敏感であったかを示す証拠です。

―― マエストロ、あなたが同時代の人から「神のごときアンジェロ〔天使〕」と言われるのを聞いたことがあります。この表現には、一体、どんな意味が込められているのでしょう。

あれはまずい駄洒落のようなものです。私の伝記とされている著作で著者ジョルジョ・ヴァザーリが、私のことを「神のごとき」と言っているのです。私が生まれたときの星位がこの私の手から人々を瞠目させる作品が生まれると予言していたからです。「神のごとき」という賛辞は聖人だけに使うものです。ご覧のように、私は聖人などではありません。ですが、精一杯、神の僕(しもべ)であろうとしています。私の誕生時、あの星辰の配置を定められたのは神だからです。私に価値のあることができたとすれば、それも神の恩寵(おんちょう)によるのです。

―― あなたはまた並外れた個人主義者です。師匠や同時代人から習ったことなど多くはないと主張され、あなたが共感を示されている芸術家はほとんどいません。

この暗い沈滞の時代は、私のせいなのでしょうか。私はただ伝統主義者なだけなのです。ロレンツォ・ギベルティ（1378-1455）やドナテッロ（1386頃-1466）の前であれば私は 跪(ひざまず)いたのです。だがふたりとも私が生まれる前に世を去ってしまった。ギベルティが芸術を沈滞から救い、フィレンツェを新しいアテナイにしたのです。フィレンツェ洗礼堂のあの2対の扉〔サンタ・マリア・デル・フィオーレ聖堂礼拝堂北側と東側のブロンズ門扉、バルジェッロ美術館〕はギベルティが生涯を捧げた仕事で、どちらも芸術の奇跡、敬虔な志の生んだ奇跡です。私はギベルティの2番目の扉のことを、その卓絶した美しさのゆえに「天国の扉」と名づけました。ですが芸術家ギベルティの意義はこれらの作品を超えたところにあるのです。あの人は自伝を書いた最初の芸術家です。そのなかでギベルティは、芸術家とは不定期に雇われる職人などではなく、それをはるかに超えた存在だという考えをはっきりと提示したのです。ギベルティの求める芸術家とは自然と古代の研究者で、また哲学者でなければなりません。そして何より、金銭のためではなく芸術のために生きる人でなければならないのです。ドナテッ

ロはまたちがったタイプでしたが、ギベルティに劣らず霊感の人でした。そして15世紀で最も多芸多才、最大の影響を及ぼした芸術家です。私の今も残る最も初期の浮彫《階段の聖母》は彼に捧げたオマージュです。ドナテッロはいつも無愛想に、だが急所を外さぬ鋭い舌鋒(ぜっぽう)と即座の機知で応じる人でした。庇護者であれ芸術家であれ、相手がどんなに偉大でも、その馬鹿げた要求には応じませんでした。金銭や外見に無頓着だったので、コージモ・デ・メディチ〔通称コージモ・イル・ヴェッキオ〕(1389-1429)がフード付きの赤い外套(がいとう)を与えたことがありましたが、それも数回袖を通すと、きざだと言って、うっちゃってしまったのです。

—— ギベルティとドナテッロ、ふたりの高い教養と知性、粗野で無骨な面を、あなたはまさに体現しているのですね。

私は制作中——制作していないときなどほとんどないんですがね——手がけている作品のことしか考えません。寝食を忘れて仕事を続け、着物を着たままで眠ります。私の脚を見て

ください。犬革の長靴が脚の皮膚の一部になってしまったみたいでしょう。何ヶ月も履いたままだからなんです。そのうちに脱ぐこともありましょうが、そのときには皮膚が一緒に剝がれてくることでしょう。制作を中断されるのが我慢ならないんで、よくこう言っていました。私が教皇のよい臣下になれるのは、宮殿内でのおつきあいでじゃなくて、工房での制作でだって。芸術を妻とした私の子どもは作品なのです。追従(ついしょう)好きの宮廷人たちは私のことを、がつがつと仕事をして、できたものをこそこそと隠してばかりいる奴だなどと言っていますが、それは言い過ぎです。それはそうと、平にご容赦ください、このどうしようもない匂いについては……。

── マエストロは正式の弟子を取らず、制作を任せることもされない。それはライバルを持ちたくないからだそうですが。

私は、ベルトコンベヤー式に祭壇やありきたりの小間物めいたものを製作する、いわゆるショップ式工房を持たなかった

ことを誇りにしています。私に制作スタッフがいないのは私の落度ではありません。ラファエッロが盛んに作ると世間は騒ぎますが、あいつの工房は大きくなればなるほど作品の質が落ちているのですよ。ラファエッロのフレスコ画《クーピドーとプシケー》（ローマ、ファルネーゼ宮）を見れば一目瞭然です。ああいう作品は大芸術家の不名誉です。ほとんどの部分を弟子のジューリオ・ロマーノ（1499頃-1546）に任せたんです。弟子にやらせて、ラファエッロは恋人と過ごす時間をたっぷり持てましたが、いちゃついている間に、37歳の円熟期で自分の人生に終止符を打ってしまったのです。その後、偉大なるジューリオは師の後を引き継いで、何をやったでしょうか。「イ・モーディ（16の愉しみ）」のデッサン、世界初のポルノグラフィックな版画セットです。私の弟子たちは偉大な芸術家ではないかもしれませんが、自分の顔に泥を塗るような振る舞いは決してしていません。

── それどころか、あなたは芸術家の地位そのものを高めたのです。でも、以前の芸術家よりはるかに裕福というご様

子ではありませんね。あなたの報酬は下級貴族並なのですか。

私のかなりの労作がときに相応の報酬で報われたこともありますが、それがかなわないときも、優れた仕事はそれなりに報われるといつも思っていました。あの教皇ユリウスの墓廟で教皇とその遺言執行人から得た報酬、それは私にとって1ドゥカート〔16世紀ローマで使われた最も大きな金貨〕たりとも生活の資などではなく、それ以上の価値を持ったものでした。私は貴族の家柄、歴代カノッサ伯の子孫ですから、私の得た名声と富は私の家に本来の正当な地位と栄光を取り戻しただけのことです。自分のために富や名誉を求めたことなどありません。金持ちになりたくて努力する芸術家は——最近は皆そうですがね——、神に創られた存在でありながら、心は貧しいままでしょう。そういう意味で私が芸術家全般の社会的地位や名声を向上させたと言われるのは屈辱です。むしろ私はこの手から生まれる作品が、心ない芸術家たちの耳に、死を予告する鐘の音として響いてほしいのです。

専制君主と民主主義者
DESPOTS AND DEMOCRATS

　19世紀、イタリア人がはじめて統一自治国家の樹立を目指したとき、ミケランジェロは共和制への共感の態度ゆえに、イタリアの国民的英雄として人々の記憶のなかから甦り、その《ダヴィデ》は政治的な自由獲得のシンボルになります。しかし実際には、ことはもっと複雑です。これにはまず、ミケランジェロ作品の大半が専制君主たち（例えばメディチ家）や、独裁者のように振る舞う教皇たちのために創られた事実が挙げられます。ごく最近では、ミケランジェロが政治的に狡猾に振る舞っていたとして、それを冷やかす傾向があります。これは偽善的でしかも時代錯誤の非難に思えます。ミケランジェロはその揺るぎない自己と同じように、きわめてしっかりと自らの政治的立場も固守していた人で、それはむしろ驚嘆に値することです。

―― マエストロ、あなたはどの党派に付くかは風向き次第の、政治的日和見主義者だということですが。

ああ、あなたは口先だけのモラリストたちの発言に耳を貸すんですか。命を危険に曝して行動したことがないから、あの連中はそれを知る者に説教できるのです。実際は臆病者で、謙遜も深い同情も知らない連中なのです。私自身、真のフィレンツェ市民と同じ、共和主義者だと頭のなかでは思っています。コムーネ、つまり選出された市民の一団が統治主体となる都市国家は、フィレンツェの基盤であり、イタリア人が偉大な民族であることの証です。今のイタリアは独裁者たちの奴隷も同然、自由を保持しているのはヴェネツィアだけです（ただし、あそこの芸術家たちはつまらんもんですがね）。私が自ら共和主義者を名乗るとき、それは市民権を獲得したことのない人々による大衆的な統治の支持を意味しているのではありません。私たちには全員、「偉大なる存在の連鎖〔神が定めたあらゆる存在物の位階〕」のなかで割り当てられた位置があり、そのなかの一般大衆には国家の一大事にかかわる事柄に

判断を下す能力がありません。無論、女性は生まれが特別に高貴な人や並外れて敬虔な人でないかぎりは、家庭を第一の関心事とすべきです。私は統治する資格のある者たちによる共同統治を旨とする、寡頭共和制の支持者です。それはヴェネツィアに見るような——私がピエーロ・デ・メディチのもとを去ってから滞在した都市ですが——複数の主導的な一族による連立制のことです。

―― では、ひとりの共和制支持者として、メディチ家に仕えてきた芸術家であることをどう正当化されますか。

「正当化する」とはどういう意味でしょうか。芸術には芸術の正当性があります。芸術は人間の道徳教育に貢献すべきです。古代ギリシャ・ローマ人は、徳のある人々やその行為を表現した絵画や彫刻が、観る人の感化に寄与すると信じていました。悪人のために優れた作品を作る芸術家がいれば、その悪人は多少なりとも善に近づきます。われわれの時代が抱えている本当の問題は、優れた芸術に十分恵まれていないこ

となのです。メディチ家のことをそう簡単におしなべては語れません。独裁者の支配が共和制による統治と同様に、知識と教養によって頗る賢明に行われることもあります。例えば、最初に私が仕えたロレンツォ・デ・メディチはフィレンツェとイタリアに何年もの平和と繁栄の時代をもたらしました。しかしながら、きわめて優れた専制君主の後を能力の劣った息子が継ぐことはよくあります。事実、ロレンツォの後継のピエーロのせいで、私たち皆が散々な目にあいました。統治主体が単独ではなくもっと増えれば、ヴェネツィアの例が示すように、共和制はいっそう安定して持続可能になるものなのだと思います。若い頃、フランス軍がトスカーナ地方にまで攻め入り、フィレンツェを略奪しかねない情勢に見えたため、私はヴェネツィアへ逃げました。結局ジローラモ・サヴォナローラが土壇場でフランス軍を説得して攻撃は免れましたが、フランス軍が侵攻していた場合、たとえ鎚と鑿で武装したところで、私ではほとんど役に立てなかったでしょう。

――メディチ礼拝堂では、あのロレンツォ・イル・マニフィ

コとその兄のジュリアーノの記念碑ではなく、やはりロレンツォ〔ウルビーノ公〕とジュリアーノ〔ヌムール公〕という名ではありますが、極端に重要性の低い子孫たちを雄渾な像に彫ることを選択されました。ふたりとも夭折し、ほとんど事績がないうえ、フィレンツェを痛い目に合わせたメディチ家政権の中心人物でした。しかも最初の共和制支配を放棄したんです。それなのに、あなたは芸術でその栄光を讃えました。なぜですか。

馬鹿げた議論です。論外です。あの2体の像が、どのロレンツォ、どのジュリアーノなのか、どうやってわかるのでしょう。あれは肖像ではありません——繰り返すようですが、肖像は疎ましいんです。しかも完成から1000年も経てば、もとのモデルの顔かたちを知る人など誰もいないでしょうから、そのとき、モデルに正確に似ているかどうかなど、どれほど重要な問題になるのでしょうか。私はあの像に偉大さ、均斉、威厳を与えたかったのです。将来ますます賞賛され、あれに感化を受けた未来の人々が徳のある立派な人間になるように、

そういう想いから作ったのです。ジュリアーノは硬貨を手にし、今まさに施しを与えようとしています。ロレンツォは蓋の閉まった宝箱を携え、施しを受ける人を公正に選び出そうとしています。ふたりとも幼子キリストを伴う聖母マリアの像のほうを見やり、罪の許しと導きを求めているのです。キリスト者なら納得するにちがいない表現でしょう。

　メディチ礼拝堂はこの一族出身の初の教皇、レオ10世からの委嘱(いしょく)でした。1505年以降に私の受けた注文はその大半が教皇たちからのもので、報酬もあの人たちから支払われました。なるほど私が仕えてきた教皇はほとんど皆、イタリアの主導的な一族の出です。ですが私は聖ペテロの築いた教会組織のために制作しているのであり、一時的にこの組織を掌握している死すべき人間のためにではありません。私に霊感をお与えになるのも審判なさるのも「神」であり、注文主という個人ではありません。システィーナ礼拝堂とサン・ピエトロ大聖堂は神への捧げ物です。神が喜んでくださるように、そういう願いから作ったものなのです。神には《最後の審判》を描き直させる御考えなどありません。私はそう確信しています。

―― それならば、あなたの《アポロ〔アポロン〕》を、神はどう見られるでしょうか。あれはフィレンツェを恐怖に陥れ、その自由を破壊した人物、バッチョ・ヴァローリのために制作されました。

そう来るだろうと思っていました。メディチ家が1527年にフィレンツェから追放されたときにも、私はそこに留まって新しい共和国政府を支持することを選びました。メディチ礼拝堂の制作はすぐ中止しました。親メディチ軍が市を包囲すると、市の要塞の防築を任されました。フィレンツェ内部の背信者が祖国を敵に売ろうとしているのを知って、私が一時ヴェネツィアに逃げたのは事実です。そのために私は反逆者の宣告を受けました。ですが、誰でもいいですから聞いてご覧なさい。ヴェネツィアから戻ったミケランジェロは優れた仕事をした、そう言ってくれると思います。事実、フィレンツェは1530年に内通によって敵の手〔メディチ家〕に渡り、私は命の危険を感じて身を隠しました。バッチョ・ヴァローリがフィレンツェ市の支配者となることを約束され、残酷な報

復を先導しました。ヴァローリは私を暗殺する命令を出したのです。メディチ家から出たふたり目の教皇、クレメンス7世に赦免されたおかげで、私は間一髪で命拾いしたのです。

　私の《アポロ〔アポロン〕》をよく見てくだされば、左手で矢筒から矢を取り出そうとしているのがおわかりになると思いますよ。あえて左手の弓手にしてあるのです。この表現で、私はいわゆる「デロス島のアポロン」に言及しています。古代の硬貨に表現されたような、無慈悲で知られた神アポロンの、穏和な一面を表す類型的表現なのです。つまり本来右利きの神が利き手ではない弱い左手で弓を引こうとする動作によって、この神が容易に人を罰したり危害を加えたりする神ではないことを示しているのです。バッチョのような「人でなし」に、これほど教育的効果を発揮する像はないではありませんか。忘れてはならない作例がまだあります。私の《ブルートゥス〔ブルータス〕》です。バッチョの親分だったアレッサンドロ・デ・メディチ公爵——私を殺そうと目論んだ男ですが、その殺害を記念して、暴君で殺害者だったブルータスの像を作ったのです。

──では、批評家たちのほうがあなたのしたことをよく理解していなかったとお考えなのですね。

名望も富もあり、敬虔で、情熱的で、一家言ある人間、しかも志の高い私を、隙があれば攻撃してやろうと連中は構えているんです。芸術家は見られる存在であればいい、語る存在である必要はない、ということです。一般の求める芸術家とは、ラファエッロやティツィアーノのように、ベルトコンベヤー式大量生産をする従順な芸術家なのです。あっ、そうでした！　ちょっと、この場を借りて言わせいただけますか。都会でペストが流行するたびに、金持ちは丘の上の別荘を目指して避難してきます。そんなことをがたがた言うなって言われるのを承知で言うんですが、来られるほうの田舎の住民の身にもなってください。大抵、都会からペストを持って来られるのですからね。迷惑千万です。たとえ逃げるときでも、私は死神を道連れにしたことなど一度もありませんから。

女性の表現
DEPISTIONS OF WOMEN

　1557年、ヴェネツィアの著述家ルドヴィーコ・ドルチェ（1508/10–68）はミケランジェロについて、この美術家は激しく動いている筋肉質の男性裸体像を描くことには誰よりも優れているが、別の種類のものを、とくに女性像（もちろん、ヴェネツィアの画家の得意とするところでした）を描く能力には欠ける、と述べました。この批評以来、なぜミケランジェロの女性像には女性らしさや母性が十分に表されていないのか、人々は、寄せる共感や同情に差こそあれ、その原因を説明しようとしてきました。精神分析学者は母と早く死に別れたことを指摘していますが、説得力ある説とはいえません。少なくとも、ミケランジェロの女性のあのような表現が想像力の欠陥によるものでないのは明らかです。それどころかミケランジェロの女性像はドラマの中心的存在なのです。

―― マエストロ、あなたの作品で最も驚かされることのひとつは、女性の表現なのですが……。

ああ、ご勘弁ください、またその話ですか。伺う前からあなたのご意見はしかと承知しています。私が描くと女性が男性のようだ、女性の実際の体がどう見えるか知らない奴の絵だ、聖母マリアに母親らしさがない、メディチ礼拝堂の《夜》の胸は半分に割ったメロンが張り付いているみたいだ……。

―― 聖母マリアのことから伺わせてください。

私の若い頃、フィレンツェの美術家が描いていた聖母マリアは流行の長衣を着て宝石で身を飾り、しっかりと化粧をして軽薄な笑いを浮かべ、幼子イエスと無意味な遊技に戯れていました。こういう聖母マリア像はけしからん、誰もがそう気づいたのはようやくあの偉大なドメニコ会士サヴォナローラが私たちの無視しがたい存在となったときのことです。この托鉢修道士は、脳味噌が足りない名ばかりの芸術家たちを激

しく叱責(しっせき)しました。聖母マリアの身なりは貧しい少女のように単純質素であって、売春婦のようであってはならない、サヴォナローラはそう説いて回りました。私は聖母マリアに必要な威厳とふさわしさを与えようとしているのです。

—— なるほど。お言葉ですが、あなたの聖母マリアは装いが単純なだけではありません。堂々たる体躯でとても大柄です。

マリアは神の子を産み育てる責任を担われる方。やがて教会の象徴となる方です。神学者はしばしば聖母マリアのことを神の神殿の真の大黒柱と書きました。マリアは宿無し子ではありません。柱にして聖堂、泰山のような存在です。だからこそ英雄に匹敵する「大きさ」を与えられるべきなのです。

—— しかし、そのようなあなたのマリアは、私たち作品を観る者に遠い存在と感じられるばかりでなく、幼児キリストに対してもよそよそしい存在に見えます。マリアがもっと母

親らしく描かれないのはどうしてなのですか。

「母マリア」と言い慣らされてきましたが、マリアは「現実」の母とはちがうのです。「現実」の母親ならば、乳母に預けて都合よく子どもから離れることができますし、私の母のように若死にしてしまう場合も結果は同じです。私は母をほとんど知りません。聖母マリアは前もって神のご計画を告げられ、キリストがこの世での使命を果たせるようにすることがご自分の果たすべき義務だとご存じだったのです。わが子がいずれ十字架につけられると知りながらも取り乱すことなく、ご自分の感情を表すことも慎んでいなければなりませんでした。マリアにはわが子を引き止めることも引き返させることもできないのです。受難のキリストを前に、マリアは本当に気高く振る舞い、気絶したり泣いたりなど絶対にしなかったとサヴォナローラは主張しました。これは正しいのです。私も幼子キリストと共にある聖母マリアを表現するとき、節度のある振る舞いをさせています。私の聖母マリアは身を屈め、キリストを支えようとはしていますが、抱きしめたり守った

りはしていません。

　老レオナルドはこうしたこと全部を承知だったのですが、かわいそうに根っからの感傷主義者なものだから、あんな凝った策を弄したのです。あの人の聖母子像には聖アンナ、つまりマリアの母がよく一緒に描かれていますよね。ふたりの女性それぞれに「悪玉」と「善玉」を割り振って、お決まりの役柄を演じさせているのです。微笑む聖母マリアは息子と戯れていますが、マリアの背後に座す厳格な聖アンナは、娘の行いを制するお目付役なのです。ときにアンナは指を宙に突き出す身振りをしています。娘のマリアに、神の御計画を忘れてはいけませんよ、と諭しているのです。私の聖母マリア像にはレオナルドの「聖母マリア-聖アンナ」群像と似た点があります。畏れ多いほどの美に、確かな知性、義務への不屈の献身を兼ね備えている点です。私の聖母マリアには、何が幼子を待ち構えているのか、そのことへの自覚が見て取れるからこそ、いっそう観る者の心を揺さ振るのです。

―― ですが、あなたの表現する女性はかなり男性的な体を

しています。とりわけ裸体がそうです。モデルに男性を使われるからなのですか。

たしかにこの時代、大抵の芸術家が女性を描くのに若い男性モデルを使っています。ですが私は女性モデルも使っていますよ。私の女性像には官能的だと言われるものだってあるんです。システィーナ礼拝堂天井画の悪魔に誘惑されるエヴァやメディチ礼拝堂の《曙》は官能主義者も賞賛するところです。いまや《曙》はほとんど世界中で美人画(ピンナップ)に数えられていますし、エヴァのポーズはあのティツィアーノが向きを逆にしてパドヴァのフレスコ画に使ったそうです。私の《夜》はヴェネツィアの著述家アントン・フランチェスコ・ドーニ(1513-74)をかなり興奮させたのです。何も私の女性像が扇情的だと自ら認めているわけではありませんよ。
　つまり、こういうことです。私はピグマリオン伝説がかねがね嫌いなんです。実に、古代ギリシャ・ローマの美術や美学が私を満足させてくれない唯一の点がそこにあるんです。念のため、かいつまんでお話ししますと、彫刻家ピグマリオ

ンは夢に想い描いたような少女に出会えず、理想の女性像を自分で彫るのです。そして、その像に着せ替えをしてやったり、寝床に連れていってやったり云々、というお話です。結末は、女神ウェヌスが彫刻家に同情して、その像を生身の女性に変えてくれるのです。こうしてふたりはずっと幸せに暮らしました、めでたし。こういう伝説です。ピグマリオン伝説は芸術作品を性的な玩具の地位に貶(おとし)めているのです。実際、古代ギリシャ・ローマ人がウェヌスの彫像を快楽の玩具としていたという話は少なからず耳にします。ヴェネツィア人たちの描く、ピリッとしたところのない横臥する女性裸体像は、ピグマリオン伝説の二番煎じです。私にとって欲望とは、必ずや畏怖や、わずかな恐れさえもがそこに混ざっていなければならないのです。たんなる動物的な欲求以上の何か、つかの間の快を超えたものなのです。ダンテの最も偉大かつ最も情熱的な詩に、いわゆる「ドンナ・ペトローザ(石のような淑女)」に捧げたものがいくつかあります。美しいうえに畏怖を与える、石のように愛に無感覚な女性のことで、その頑固さが逆にダンテの情熱に火を点け、いっそう焚きつけ

るのです。私の表現する女性たちは女装した男などではないのです。なんとしても崇拝したいという想いを駆り立てるような、これ以上固いものはないほど固い核がその心のなかにあるだけです。私の表現する女性は、たとえ裸は見せていても、親密さの素振りさえ許さない女性なのです。

―― あなたの男性像は、女性が男性に示すような繊細さと優美を兼ね備えていることがあります。女性を女性たらしめているものが男性のなかに入り込んでいるかのようです。

男女は本来ひとつに結合した存在だったのに、不道徳な行いのために神によって別々にされてしまった、だから私たちの人生は別れたもう半分を探し求めることに費やされる、古代ギリシャ・ローマ人はそう考えていました。また、エヴァはアダムの肋骨から創られたことも思い出してください。ですから、エヴァはアダムのなかに潜在していたとも考えられます。わずかながら女性的な繊細さを備えた男性とは、いわば優美な男性なのです。ただし、女々しさに堕してしまっては

論外です。女性のなかのわずかな男性性にも同じことが言えます。それが女性を普遍的な存在にしているのです。

　私が初めて作った神の像、《バッコス》は両性具有的でした。この特質がこの酒神の、人間には抗しがたい力と魅力を根源で支えているのです。しかし私の作ったなかで、とりわけ女性的で、その特質が作品にとって決定的なのはおそらくメディチ礼拝堂のジュリアーノ・デ・メディチ像でしょう。手指が長く不活発で、長い首の上に華奢(きゃしゃ)な頭部が載っている。だがその胸は広く力強い。ジュリアーノの広い胸は、母のようにも、また父のようにも民に仕える理想的な支配者であることを示しています。聖ベルナルドゥスの教えに、人の上に立って命令する者は自ら開襟し胸を乳で膨らませるが、情念で胸をいっぱいにしてはならない、というのがありますが、ジュリアーノ像はこの信念の模範的な体現なのです。この素描をご覧なさい。（ミケランジェロ、素描を持ち上げて）これはジュリアーノ像の鎧につけたグロテスク模様のための習作なんですが、ほら、老人の胸から乳を吸う若い女性のカリカチュアが横に素描してあるのがわかりますか……。

巨人主義
GIANT SCALE AND SIZE

　ミケランジェロといえばまず連想するのは、実際の人間の大きさをはるかに超えた人体像とひとりの人間の業(わざ)とは思えないほど大規模な群像、そして制作が進めば進むほど求めるものがますます野心的になっていったことです。大抵の庇護者はこの芸術家の言い分に耳を傾け、気前よく報酬を支払ってくれました。その代表が怒りっぽいけれども、古代ローマ人に負けないほど熱心な学問芸術の擁護者だった教皇ユリウス2世です。つづくレオ10世、そしてクレメンス7世はメディチ家出身でしたので、その野心の向く先はサン・ロレンツォ聖堂内メディチ礼拝堂の完成でした。しかし教皇クレメンスが教会のわきに高さおよそ25メートルの巨像を建てるのはどうかと持ちかけてきたときには、さすがのミケランジェロも尻込みしました。しかも教皇は、ついでに床屋と鳩小屋と鐘塔もそのなかに造れ、と素っ気なく言い放ったのです。

―― マエストロ、15世紀の先人やあなたの同時代の人々のものと比べるやすぐさま、あなたの作品がずっと大きいのに驚きます。これはあなたの彫像の際立った特徴ですね。

私の彫像が大きく見えるのは、たんに実際の大きさの問題ではありません。プロポーションの問題なのです。私が彫った幼子キリストの像はたった数フィートの高さのものでさえ、例えばヴェロッキオ、ボッティチェッリ（1445-1510）やラファエッロの同サイズのものに比べて、いっそう堂々として大きく見えます。私が「壮大な」プロポーションを与えるからなのです。

―― あなたの幼子イエスは赤ん坊のヘラクレスみたいです。

まさしく。私は人物像を実際よりも大きくするのが好きなのです――もちろん、素描は別ですよ。先ほどピグマリオン伝説が嫌いだと言いましたが、それはこれとも関係があります。私は観る人に官能的な欲望だけではなく、畏怖も感じてもら

いたいのです。

　私が少年だった頃、古代に題材を採ったブロンズの小品や円形浮彫(メダル)が大流行しました。メディチ家の彫刻庭園の監督者だったベルトルドも小型のブロンズ彫刻が専門で、あの人の小品は庭園を造らせたロレンツォ・デ・メディチにとても気に入られていたのです。ロレンツォは古代の小像、金属版浮彫の小品やメダル、カメオなどを数多く収集していましたからね。私は卓上や棚に飾ったり、引き出しに容れたりするような細々した作品に関心がなかったのです。ベルトルドはリラ・ダ・ブラッチョ〔ルネサンス時代のヴァイオリンに似た楽器〕を演奏しているアポロンの小像を作ってますがね、官能的満足を与えるだけの大人の玩具と比べてすら増しだとも言えないような代物ですよ。

　古代ギリシャ・ローマ人は巨大な像を最も高く評価していました。高さ32メートルを超えるロードス島の立像のことを、あなたもきっとご存じでしょう。股間を船が通り抜けられるほどだったのです。1505年にユリウス廟に使う石塊を切り出しにカッラーラの石切場に行きました。そのとき、海

の見える山そのものから巨大な像を彫り出したい誘惑に駆られたのです。あれはきっと遠くからでも海を航行する人々の目に入る像になっていたことでしょう。若者の熱狂が生んだ思いつきだったのですが、たとえ人生が四度あったって絶対に完成不可能でした。でもその根底にあるものは健全です。それが並の人間に心地よい尺度ではなく、神々や英雄の棲(す)む世界の尺度、叙事詩的な尺度へとつねに私たちを誘うのです。

―― あなたのもので最大の像は《ダヴィデ》です。14.5メートル超、しかも大きな台座に載っています。例えばドナテッロの《ダヴィデ》は高さ約1.5メートルですが、あなたの《ダヴィデ》はそれより大きいだけでなく、年齢が少しですが成人に近づいています。つまりあなたの《ダヴィデ》は、思春期手前の少年ではなく、すでに思春期を迎えた若者です。

ダヴィデは新時代の証、神に選ばれた民の成人期の始まりを意味しているという神学者もいます。ダヴィデはその深い信仰ゆえに、大きく成長することを神に許され、どんな巨人に

も負けない身の丈になりました。キリストが伝統的に「ダヴィデの息子」として知られているのは、ヨセフがダヴィデの末裔だからです。ここにも私が《ダヴィデ》に完全な肉体と生殖器を与えたかった理由があるのです。それこそが最終的にキリストを生むことになる部分だからです。ダヴィデを小さないたずらっ子に彫ったら、こういう解釈は示せないでしょ。

── お言葉を返すようですが、聖書にも、また神学の説くところにも、小はしばしば大よりも美しい、とあります。聖書にあるダヴィデとゴリアトの物語では、ダヴィデの特徴について、小柄な羊飼いの少年で武器は石投げ紐ひとつだったとあり、重要な点はこれだけしか教えていません。あなたがシスティーナ礼拝堂の天井画の隅に描いたのはまさしくこういうダヴィデです。最後にキリストに行き着く同じ男の同じ器官が、バテシバと姦通したり、その夫を暗殺する手はずを整えたりすることになるのですか〔いずれ王となったダヴィデはバテシバに子を産ませ、彼女の夫を最前線に送って戦死させる〕。

ゴリアトを斃(たお)した神童か、それともキリストの祖先か、あるいは好色な略奪者か、私の《ダヴィデ》はこれらのどれなのか、そんなふうに頭を悩まされているんですか。これらすべてを含んだものとしてのダヴィデ像についてお話ししているつもりです。私の作品では巨人の大きさと尺度が、行為を英雄にふさわしいものに見せているだけでなく、ドラマ性を高めているのです。私の生んだ巨人たちが度を超して失態を演ずるとか、彼らにもアキレス腱があるとか、そういうふうに想像力を働かせていただけませんかねぇ。

　巨人がかねがねキリスト教信仰の価値観から書かれた著作で不評を買っているのは、たしかに事実です。しかしダンテの『神曲』には、地獄にいる鎖でつながれた5人の巨人が登場しますよ。そのなかには、あのバベルの塔を建てたニムロドもいます。あるフィレンツェの数学者が、ダンテの記述を手がかりにして、ニムロドの背丈を計算したのですが、それによるとおよそ25メートルだそうです。私は《最後の審判》の壁画を描いているときに、ニムロドのような体形をした巨人のことを詩に詠みました。その巨人は天にも届くほどの高

い塔を建てようとするのですが、目がひとつで、しかもそれが踵（かかと）にあるものだから、天を見られないのです。別の詩では、背がとても高いために太陽をまともにのぞき込んでしまい、失明してしまった巨人ふたりのことを詠いました。《最後の審判》は高さが13.7メートルもありますから、私も描いている最中に、あっ、身を乗り出しすぎだな〔比喩的に、やりすぎた〕、そう思ったことが何度かあります。もうビアッジョ・ダ・チェゼーナが、あのフレスコ画の悪い噂を流す宣伝活動を始めていたんですよ。じつは一度、本当に足場から転落して怪我をしてしまったのです。

── あなたの彫像には本当にはらはらさせられるんです。巨体の人物たちが今にも羽目を外して何かしでかしそうで。それどころか、本当にこっちに向かって倒れてきたらどうしようと思うんです。マエストロご自身、そうお考えなのではありませんか。

こんな彫像がまともに立っているなんてほとんど奇跡だね、

観た人の口からこんな言葉が出たらいいなぁ、私はいつもそれを期待して彫っていますよ。私の像は動きの激しいものが多いですし、上半身（トルソー）が大きく作られているので、重心がかなり高い位置にあります。だから安定感を欠いた危なっかしい印象を与えるのです。私たちは大きな絵画にまして、大きな彫刻には近寄らないように用心するものですよね。理由はひとつ、倒れてきたら下敷きになりそうで恐いからです。彫像が不可解な倒れ方をする、そういう事件を題材にした民話をご存じでしょう。そういうことが起こるのは何か悪い事の前兆と見なされています。聖像が血を流し出した、そんな話もときどき耳にします。ですが、そういうことが起こるのは普通、故意に破壊された場合だけです。だから、倒れてきて実害があるのは絵画よりも彫像のほうなので、人は用心して大きな彫像には近づかないようにしているのです。ローマで最初に作った彫像の主要なテーマもじつは安定性だったんですよ。等身大を超えた大きさのぶどう酒の神、あの《バッコス》のことですが、見るからに酔っぱらいなんです。酔ってふらふらしているんですから、観る人は大抵、あ

まり近寄りません。

　私は最近、巨岩のなかに囚われている男が山腹から転げ落ちてきて、たくさんの小石が山と積もった低地に行き着く、という内容の詩を詠みました。私の彫像はすべて、文字通りにも比喩的にも、山と積もった石ころに帰してしまうかもしれない、そういう恐れに満ちているのです。彫像は大きければ大きいほど瑕(きず)を負いやすく、倒れやすいのです。

―― では、巨人並の寸法とスケールの大きさの彫像を作り上げるのは危険な綱渡りみたいなものなのですか。小像にはそういうスリルはないんでしょうか。

小品は台に載せるだけでぐらついて、ちょっとした衝撃でも倒れそうです。小像に不安定さは付き物なのです。ですが、倒れたところで、よちよち歩きの子が転ぶようなものなので、大事には至りません。帝王級の巨像が倒れるとなれば、いつだって骨折くらいの大怪我は覚悟しておかなくてはね。

大理石マニア
MARBLE MANIA

　レオナルド・ダ・ヴィンチは時代の多数派を代表して彫刻を愚弄(ぐろう)する際、こう説明していました。仕事を終えた彫刻家は汗まみれで、大理石の白い粉塵(ふんじん)を被って工房から出てくるので、まるでパンこね職人のようだ。彫刻はかなりの部分が機械的な肉体労働なのだ。反対に、画家は自宅の室内で快適に制作できるのだから、絵画はまさに上品な紳士のための芸術だ。

　彫刻とは大変な苦痛を強いる肉体労働と見なすこのような偏見に、ミケランジェロは挑戦しました。そして、彫刻の地位をそれまでには想像もできなかったほど向上させたばかりではなく、彫刻家という勲章を誇らしげに胸に掲げたのです。また詩のなかでは、石を彫る行為をほとんど神秘的な儀式のように詠いました。

―― マエストロ、レオナルドは彫刻家を鼻で笑って……。

(ミケランジェロ、質問を途中で遮って)
ああ、あなた、そんな聞く前からうんざりするような話をよく平気でなさいますね。ミラノの宮廷で道化まがいのことをやっていたレオナルドは、例の〔ミラノ公フランチェスコ・スフォルツァのための〕騎馬像の完成に失敗してしまい、それを隠しようもなくなってあんなことを公言していたのです。しかしレオナルドは時代の考えを代表していただけなのです。公的に委嘱された大掛かりなプロジェクトでも、なかば公的なプロジェクトでも、レオナルドは失敗つづきで、いくらか見るべきものがあるとすればデッサンだけでした。大失敗の言い逃れが必要になったレオナルドは、筋肉トレーニングのごとき肉体を消耗する芸術など低級にちがいない、そんなものは紳士の芸術なはずがない、こういう説明をなんとか考え出したのです。画架を前に描く、いわゆるイーゼル絵画が最高の芸術だ、洗練された室内でエレガントな衣装を着て音楽を聴きながらでもできる芸術だからだ、そう言ったのです。15世紀後半

の趣味を支配していた、上品に飼い慣らされたブルジョワのための美術擁護マニフェストにほかなりません。しかし落ちるところまで落ちたら、後は昇るしかありません。その求めに私が応えたのです、真に男性的、勇猛な芸術、星に手が届くほどの高みに達した芸術によって。私の《ダヴィデ》です。

　あの像に使った巨大な大理石塊は最初、1460年代にアゴスティーノ・ディ・ドゥッチョ（1418-81）の手に任されました〔ヴァザーリの異説がある〕。しかしこの彫刻家は仕立屋のマネキンを愛らしくしたような小振りの人物像を詰め込む作風の、浮彫小品が専門だったので、その石塊を台無しにしてしまったのです。しかも私が事の舞台に登場してくるまで、誰も適切な処置ができませんでした。あれはまさに新時代の夜明けでした。このとき堂々たる芸術がついに現れ、仰ぎ見られることになったのです。

―― 大理石を彫刻家自らが石切場から調達することを、大変重視されていますね。マエストロほど、石切場で多くの時間を費やした巨匠はほかに見あたりません。

私の石切場への愛着はセッティニャーノに通い詰めていたあの頃に溯(さかのぼ)ります。あの経験から、作品に適した瑕のない大理石塊を見つけることがいかに重要かを悟ったのです。それは危険かつ時間のいる作業です。フィレンツェからカッラーラまでは馬でちょうどよい距離の旅ですが、そこからは石切場への長い登り道です。鉄製リングがたったひとつ折れたために、巨大な石塊が粉々になりながら斜面を転がり落ちてしまい、男がひとり命を落とし、私自身も九死に一生を得ました。切り出してきた石塊を荷車と船で搬送するのにも同じような危険を伴います。ところで石を切り出す作業には、ある意味、解剖に似たところがあります。それは伝統的に、大理石の良質な脈を探し求めながら、地球の臓腑に深く穴を開けることと見なされていました。その経験はそっくりそのまま私にとってひとつの十字架のようなもので、巡礼のような敬虔な行いと、ヘラクレスの難業(なんぎょう)のような偉業の成就(じょうじゅ)がそこで出会う交点なのです。

——　複数の石塊からではなく、ただひとつの石塊から像を

彫り出すべきだと述べられていますが……。

古代ギリシャ・ローマ人もそうやっていたのです。あのプリニウス〔大プリニウス〕(23-79)は1個の石塊から掘り出された大きな彫像をとりわけ賞賛しています。実利的な点でも理に適っています。というのは、別々に切り離された石塊をひとつに合わせると、合せ目から雨や湿気が石のなかに染み込む可能性がとても大きくなるからです。しかし、もっとずっと重要な理由が、霊的な、理念的な理由があるのです。1個の石塊を一層また一層と削ぎ落とすように彫り進めた彫像は、その自然のままの無欠性と強度の点でより優れているのです。ロレンツォ・デ・メディチは詩を詠む人でしたが、この人が言うには、ソネットは14の限られた行数ですべてを表現し尽くさなければならない形式であり、この大変な困難があるからこそ、それはほかのどの詩形式とも張り合えるのです。私の《ダヴィデ》は高さおよそ14フィートですが、そこには1篇の偉大な詩に匹敵するほどの精神が密に集中されていると考えたいのです。《ダヴィデ》は膨大な頭脳労働の所産

であり、たんに筋骨逞しければ作れるといったものではないのです。というのも、大理石はいっぺん鑿を入れて失敗したら、もう修正が利かないからです。ブロンズ像も絵画も、無限の、しかも少しずつの修正が可能です。しかしそのために、作品自体の混乱というもっと重大な危険が待ち構えています。ところが15世紀にはこれがありがちだったのです。だからあんな笑止千万なことを、レオン・バッティスタ・アルベルティとレオナルドが提案したのです。マルチ・パート彫刻機、いくつかの部分を継ぎ接ぎして彫刻を製造する機械です。あの台無しになった大理石塊を《ダヴィデ》に生き返らせようとして、私のした提案はただひとつ、別の大理石片を付け加えないことでした。それどころか、過去には、彫った大理石に彩色すらしていた時代があったのですから、大理石はいくえにも冒涜的な扱いを受けていたわけです。

―― あなたは多くの詩で視覚芸術に言及されていますが、私たちが一番驚かされるのは、金属製彫刻のことがごくわずかしか触れられていないことです。だとしても、ひたすら石

像に固執されているわけではありませんね。

ブロンズ像もいくつか作りました。なかでも重要なのは、ボローニャにあった教皇ユリウス2世の巨大な座像と、フランスに送られたブロンズのダヴィデ像です。数は少ないですが、私がデザインしたものを金銀細工師に製作させたこともあります。ウルビーノ公〔小ロレンツォ・デ・メディチ〕のために作った塩容れもそうです。しかし根本的に優れているのは、やはり大理石彫刻だと考えています。詩に詠ったのですが、私にとって興味深いのは金属彫刻の制作過程で使われる「熱」です。鋳型(いがた)に流し込んだり、鎚(つち)で鍛えたりするために、鍛冶屋やブロンズ鋳造師には金属を扱うとき「火」が必要です。石を彫るのは、たまに鑿から火花が飛び散るのを別とすれば、いわば「冷たい」やり方です。火は大理石にとって致命的なのです。大理石は火で石灰化してしまうからです。しかし私としてはこの変化をむしろ、大理石像に火と熱の暖かさが融合したことで生命が吹き込まれる現象だと考えたいのです。だから、あえて大理石の表面に熱で溶けて流れたような見か

けを与えることもあります。

──　以前に、ある民間占星術の本の木版挿絵を見せていただきました。そこにはあなたが典型的な「サトゥルヌス〔土星〕」のもとに生まれた彫刻家として表現されていました。腰巻き１枚の野性的な男性がメディチ礼拝堂の《曙》像の胸にまさに鑿を入れようとしている図です。大きな大理石塊と格闘するあなたの姿は、「一騎打ち」の昇華された形なのですか。

私たちの生きるこの時代には、個人がますます匿名的で非個性的になっています。今の戦闘は、敵味方の間に一定の距離をとり、互いに見分けのつかぬ歩兵たちのやりあう戦闘です。書物はもとがひとつ同じものからの複製で、膨大な量の印刷物として世に現れています。美術は版画や鋳込みといった方法での、やはり同一物の複数化と大量生産です。対照的に私の彫刻は、神の前に畏れを抱く男と自然との、１回かぎりの邂逅の記録なのです。

画家は己を描くもの
PAINTING HIMSELF

　画家は本職ではないと主張していたミケランジェロですが、システィーナ礼拝堂にそのような証拠を見つけ出すことはほとんど不可能です。システィーナ礼拝堂天井画は人類初の壮大な天井画です。建物の天井部分に多数の大きな人物像を表現した先例には、ヴェネツィアのサン・マルコ聖堂のような中世のモザイクがあるだけです。当時流行だったのは、天井面を装飾的な格間に区切り、そのなかに物語主題の小さな絵を押し込む形式のもので、教皇ユリウスが当初注文したものも例外ではありませでした。これまでにないものを実現したいと提案したのはミケランジェロのほうだったのです。この天井画と《最後の審判》が後代に与えた影響は計り知れないほど大きく、そこに生み出された様々なタイプの人物像は、絵具がまだ乾き切らないうちに、多くの芸術家たちの作品に採り入れられていました。

—— 皆さん、私たちは今、システィーナ礼拝堂のなかに立っています。古今を通じて最も偉大な2点のフレスコ画が目の前にあります。どちらも、ミケランジェロ・ブオナローティの筆になるものです。

しーっ！お静かに。ここは礼拝の場です。

——（インタビュアー、ささやくように）
すみません、マエストロ……。この驚異的な偉業にもかかわらず、あなたはいつも、私の本職は画家ではない、そうおっしゃっていますね。

ギルランダイオの工房で絵画の基礎を習得し、フレスコ画や祭壇画の制作をいくつか手伝ったのは事実です。しかしメディチ家の彫刻庭園に移ってからの私は、自分は彫刻家だと思うようになりました。手紙にも「ミケランジェロ、彫刻家」と署名しました。その後、ユリウス廟の制作から転じて、このシスティーナ礼拝堂天井画に専念したとき、彫刻こそが自

ら胸を張ってプロといえる職業だ、そういう気持ちが強まりました。だから、もしこの天井画で失敗したら、そのときはそう言って自己弁護しようと、じつは本気で考えていたのです。数々の大物が「ミケランジェロはあれで失敗するさ」なんて言っていたんですからね。サン・ピエトロ大聖堂の改築を任されていた建築家ブラマンテは「前面短縮された人物像なんぞミケランジェロに描けるものか」と言いました。そんなことに微塵の不安もありませんでしたがね。これが私にとって初めての自作フレスコ画だったのは事実ですが、そもそもこれほどの規模の野心的なフレスコは誰ひとり描いていなかったのです。私が描く前、この天井は青い背景に星をちりばめただけの装飾的なもので、職人の名も知られていません。なぜ単純な装飾のままだったのか、おわかりですか。この天井はおよそ13.7×39メートルもあり、しかも曲面の反り方がかなりまちまちで不規則なうえ、高さは18メートルを超えるのです。私は作業台の上に立ち、ランプの明かりを手がかりに、背中を弓状にぐっと後ろに反らせてお尻を突き出した姿勢のまま、次々と跳ね落ちてくる顔料の滴を受

けながら描きました。表面の下塗り、顔料を磨り潰す作業、目だましの建築(トロンプルーユ)を描くことを除けば、私はほとんどの部分を独力で描き上げたのです。おかげで目も首もひどく痛めてしまいました。心身ともに酷使して、死ぬかと思うほどでした。教皇ユリウスは助けてくれるどころか、制作費用を差し止めたので、残り半分の完成が遅れてしまったのです。

―― では絵画自体に抵抗されていたわけではないのですね。

フランドル風絵画には反対でした。それがイタリアを席巻(せっけん)していたのです。われわれの時代の二大疫病といえばフランスの梅毒、そしてフランドル絵画です。神は画家で、描いて世界を創造したという人がいますが、上品に装った神が画架の前に座って、うんざりするほど描き直しながら、神経質に細密描写をしている姿など、あなた、とても想像できないではありませんか。世界を創造し終えるのに神は7日を要しました。レオナルドはあのフィレンツェの気取った主婦の絵〔《モナ・リザ》〕の、上3分の1を仕上げるのに一体、何年かかりま

したか。私は神が光と闇を分ける場面をたった1日で描き上げました。

　ジョットとマザッチョが完成したフレスコ画法はイタリア人の絵画です。ほかでもないこの国に与えられた神からの偉大な贈り物。強靭かつ一途な者の味方なのです。フレスコ画は漆喰が湿っている間しか描けません。失敗したら、漆喰を掻き落として、はじめからやり直しです。偉大なデッサン画家にして、かつ大胆な色彩画家でなければできない技なのです。観るだけでも辛抱が要ります。ずっと見上げていてご覧なさい。目が疲れて首が曲がってしまいます。フレスコがいまや滅びかけている絵画なのも、もっともですよ。

──　アダムと男性裸体像については前に話題になりましたが、7人のヘブライの預言者と5人の異教の巫女について、何かお考えがありますか。この天井画のなかで最も大きく、しかも目立って見える人物像ですね。

あの預言者と巫女は神の到来を預言した人々ですから、重要

性は決定的です。神とその神聖な計画はどんな男女にも、いつどこであれ、それが神によるものと見分けられる、その真実をあの人物たちは証明しているのです。幻視を見た興奮から、また自らの心眼を必ずしも信じられないために、そわそわと落ち着かない様子の者もいます。穹窿(きゅうりゅう)に描かれた大半の人物にいえるのですが、預言者も巫女も祭壇に接近するにつれて、大きさをどんどん増しています。戸口に描かれた人物像は背丈が4メートルあるかないかですが、祭壇の上の者は4.5メートルをちょっと超えるくらいあります。私はこれら人物像に惑星のような丸みとたっぷりとした横幅を与えて、預言が時空を超えて行く様を暗示しようとしました。

　一番重要なのはヨナで——体を開いているのもヨナひとりですが、祭壇の真上に位置しています。預言者中、その心理が最も複雑なのもヨナです。ニネベに行き不道徳な異教の民を懲(こ)らしめるようにと神に告げられたとき、神から逃げたヨナは巨大な魚に飲み込まれました。魚の腹のなかで許しを求めて祈ると、神は3日3晩ののち、ヨナを魚から吐き出させました。この出来事はキリスト復活の予兆だったのです。ニ

ネベの民が改悛を決心したので神が許すと、ヨナはこれに激怒しました〔『旧約聖書』ヨナ書〕。私のヨナは腰布と袖のない上着だけを身につけています。怒りに身もだえして体を後ろへ反らし、自らに起こった出来事を神に問いただそうと斜め上方を見上げています。前面短縮法の点で、このヨナは私が描いたなかで最も野心的な人物像です。ヨナの体の反りと天井の反りとを矛盾させたのです。しかしこれはたんなる芸術のための芸術ではありません。矛盾、そして不条理というヨナの本質の表現なのです。

―― ヨナにご自身を重ね合わせておられるのですか。

「画家は誰もが己を描く」という格言があります。創作者の心身の特異性はその作品に投影されるものだという意味ですが、画家はむしろそれを抑圧するように十分注意しなさい、という教訓なのです。ですから、なぜ牛の表現がとりわけ得意な画家がいるのかとあるとき尋ねられたので、画家は誰も自分自身を描くのが得意なんだ、と答えてやったのです。た

しかにヨナは誰にもまして魅力的な個性の持ち主だと思います。それと、システィーナ礼拝堂の天井画を描くのは、巨大な魚の腹のなかに缶詰にされているのとちょっと似ていました。それはそうと、このヨナの物語の特殊な点、焦点はどこかというと、神が異教の民の文明の存続を許したことで、旧約聖書中唯一ヨナ書にある出来事なのです。それは人が自らの生き方を悔い改めるのにも、真の教会の一員になるのにも、遅すぎるということはない、そう私たちに教えているのです。

——《最後の審判》について聞かせてください。

あの壁画は「最後の審判」の一般的な内容を表現しています。最後の日に私たちは復活し、骨に肉の衣を着せられてから、地獄行きを宣告される者と救われて天国に行く者に分けられるという内容です。この無垢の青色をご覧なさい。この背景全体をひとつの紋章のように明瞭に見せているのはこの青色のおかげだと思われませんか。材料はラピスラズリ石なので値が張りましたが、それだけの価値が十分あります。

完成と未完成
TO FINISH OR NOT TO FINISH

　ミケランジェロの現存する彫刻作品と板絵のうち、およそ3分の2が未完成です。これは他に例を見ない高い比率です。ミケランジェロの同時代人はこの現象に魅了されましたが、また憤慨もしました。近代以降、完成した彫刻よりも未完成の彫刻を好む傾向はずっと見られますが、それは未完成作のほうが芸術家の創造プロセスにより直に触れることができるという考えからです。ミケランジェロの未完成作《聖マタイ》はそのことを見事に示した作例です。ミケランジェロは大理石塊を手前から奥へと彫り進めたのです。完成／未完成の問題について、ミケランジェロ自身の考えは一貫していませんが、この揺れは、人々が好んで素描やスケッチ段階にある彫塑像を収集しはじめた、あの時代の徴候を映し出しているのです。

―― あなたの未完成の作品にはその数の多さだけでも驚かされます。ご自身がどう説明されるのか、かねがね伺いたいと思っていました。

あのユリウス廟の「悲劇」さえなければ、私が未完成で有名になることなどなかったんです。あの墓廟を完成させる許しがほしいと私はひたすら望んでいたのに。最初の案が通っていたら、それこそこの世の奇跡と見なされるような作品が生まれていたことでしょう。ところがあのブラマンテがサン・ピエトロ大聖堂の改築のため以外には教皇の金を鐚一文たりとも使わせるものかと画策し、この男のせいで最初の案がだめになってしまったんです。それからは、続く教皇たちが、墓廟の契約変更のたびにその規模縮小を請け合いながら、皆それぞれに私の制作時間を独占しようとしたのです。

　サン・ピエトロ・イン・ヴィンコリ教会内の現在の墓廟、つまり私の最終案では、モーセ像が中心に陣取っていますが、この像は本当に念入りに仕上げられています。あのような耐えがたい重圧が繰り返されることさえなければ、こういう完

成された像をもっと多く残せたのです。
　ですが、あんな重圧があったにしては、驚くほどたくさん完成させたものだ、自分ではそう思っているんです。質的にも、です。欠陥などほとんどないですからね。

―― あなたはまさしくご自身の成功の犠牲者なのです。いくつかの注文不履行、未完成はこれで説明がつきます。ですが、ユリウス廟第2案のために作られた2体の《囚われ人》は仕上げずに放棄され、そのまま、重病だったあなたを2度も自宅に引き取って看病してくれたロベルト・ストロッツィに感謝のしるしとして贈られています。未完成の作品に必ずしも当惑や不名誉の気持ちを抱かれていなかったからなさったことと受け取れるのですが……。

この問題の解釈は十人十色のようなのです。ヴァザーリは、私が自作にめったに満足できなかったのは私のすぎた完璧主義のせいだと言っています。でも私が満足しなかったのは大抵、大理石に瑕があったり、ユリウス廟で再三生じたように、

やむをえず構想の変更を迫られたりした場合なのです。コンディーヴィはというと、メディチ礼拝堂の彫像は未完成、つまり表面が粗削りのままだが、作品の美に遜色はないと言いました。あの表面は作者の私が作品に必要と判断して行ったことと暗に述べているのです。私自身、そうとは断言しかねるのですが、仕事の遅いことの自己弁護と受け取られかねないので、そう取る人には十分用心すべきだと思っています。

　粗い表面の効果を開拓した最初の芸術家はドナテッロです。とくにその晩年です。コンディーヴィにかつて話したのですが、ドナテッロの唯一の欠点は作品を磨き上げる根気がなかったことです。その結果、ドナテッロの《ユーディットとホロフェルネス》のような像は遠目にはすばらしいのですが、近づいて見るとあまり成功していると見えないのです。しかし、今の私はそう思っていません。作品自体が優れていれば、あまり磨く必要はないのです。コンディーヴィにそう話すべきでした。どういうことかというと、ロベルト・ストロッツィのように鑑識眼の洗練された人物なら、一般の人とはちがい、完成が不十分に見える部分になんらかの意味があると比較的

容易に解釈するにちがいないからです。あれら《囚われ人》を、《ダヴィデ》と一緒にシニョーリア広場に置くなんてこと、私は絶対にしたくありません。

── あの暖炉の上に、マエストロのまさしく初期の作品、浮彫《ケンタウロスの戦い》があるのを見ました。これも未完成です。あなたの自信作なのは承知のうえで伺うのですが、なぜずっと手元に置かれていながら、完成されないのですか。

これはロレンツォ・デ・メディチのために作ったもので、ロレンツォの死で制作を止めたのです。この作品が完璧だという思いに変わりありません。これを見るたび、どれほど自分が自然の与えた力に頼る本能的な彫刻家なのかを意識させられるのです。もう少し磨いて、頭髪の輪郭を明瞭にすれば、簡単に完成させられたでしょう。そうしなかったのは、戦う人物たちの手にしている丸い岩と粗彫りの人間の頭部が相まって生み出す視覚的なリズムが気に入っているからです。左下に座る男は自分の頭を抱えていますが、それが丸い岩だ

としてもほとんど大差ないように見えるでしょ。この岩とも頭もと区別のつかない曖昧さのせいで、観ているうちに、なんだかブロックヘッド〔帽子や鬘を載せる頭型の木台〕がゴロゴロと集まっているような、耐えがたい感覚が募ってくるのです。

── 私の印象ですが、むしろ手つかずの石塊と男性裸体との──ときに密接な、ときに緩やかな──関係があなたの関心事なのではないですか。場面に風景があるとき、まるで主要人物たちが石器時代にいるみたいに、決まって岩だらけです。詩でもあなたが魅了されているのは、人物像を「包んでいる」肌理の粗い石の「表皮」です。

彫刻家たる者、いつも大理石の石塊全体を十分に意識していなければなりません。私はよく石塊の正面部分に人物像の輪郭線を引き、それから徐々に正面から背後へと彫り進めます。この手法なら、少なくともある程度は、彫り進めながらの修正が可能なのです。《聖マタイ》は未完成ですが、一番手前に突出した部分、マタイの膝は最も完成されています。

―― しかし、あなたのいくつかの詩では、人間とその周囲の環境との関係が、肉肌と石肌の関係として表現されています。人体を包む石の「皮膚」はたんなる包装(パッケージ)、切り取って捨てられるものをはるかに超えた重要性を与えられています。

先ほど話題になったあの詩、山の斜面の丸い巨岩のなかに閉じ込められている「像」が語り手の、きっとあの詩のことを念頭に置いておられるのでしょう。はじめ石塊は、隠者の洞窟のように、身を守ってくれる覆いのようなものに思われています。しかし、それからすぐ丸い巨石は、その男(「像」)の意志に反し、山の斜面を下まで転がり落ちて、「山と積もった小石」のなかの「低い位置」に収まるのです。突然、この男は世界のなかに押し込まれ、世界はあらゆる方向から強く内側へと向かって圧迫してくるのです。おそらく、《聖マタイ》を取り囲んでいる粗彫りされただけの石は、この男を保護しているのですが、同時に男を餌食にしてしまうものなのです。それがレオナルドの、何もかもを柔らかく、濃い霧のようにしてしまう、物の別なく霞ませてしまう効果、「スフ

マート」とは似ても似つかぬものなのは確かです。

―― 完成された部分と未完成の部分との間には加圧し合う軋轢(あつれき)が感じられます。いくつかの《囚われ人》では、身体のなめらかな肌と粗い石の表面の対照から、何かサドマゾヒズム的な気配さえ漂っています。あなたの晩年の素描、キリストの磔刑図では、輪郭線の度重なる描き直しのために、人物たちはまるで馬巣織(ばす)り〔しばしば改悛者が身に纏う、馬のたてがみや尾の毛を緯糸にして織った布〕を着せられているかのようです。

あなた、ご自分の手綱を引き締めなさい! このインタビューは羽目を外しかねません。これまでの話はすべて撤回します。最初からやり直しだ! どれもこれも説明し直させてください! 未完成の彫像を目にすることほど、私にとってつらいことはないのです。

ミケランジェロとコーヒータイム

天国か地獄か
HEAVEN OR HELL

　亡くなったミケランジェロは「聖人」のように扱われました。フィレンツェ市民は亡骸(なきがら)に触れようと列をなして続々とやってきました。ミケランジェロの精神生活を知ることのできる主な資料は書き残された詩ですが、とくに宗教的な内容の詠われたものは、ヴィットーリア・コロンナと親しく交際し、《最後の審判》の制作とサン・ピエトロ大聖堂の改築を手がけていたミケランジェロ晩年のものです。サヴォナローラの唱道に始まる教会改革には共感していたと思われますが、宗教改革運動それ自体にミケランジェロが抱いていた思いは判然としません。今日、私たちはミケランジェロ晩年の「死せるキリスト」の表現を前にするとき、これほど強く霊的に訴えかけてくるものは唯一ミケランジェロの手になるものではないかと思うのです。

―― マエストロ、宗教は私たちの会話でもちょくちょく話題になりましたが、ティツィアーノやラファエッロとだったら、とくにレオナルドだったらどんな会話になったか、私には想像もつきません。

昨今の芸術はたとえ宗教に関わる主題を扱っていても、大抵が物質主義的、世俗的です。思うに、私が最後の宗教的な芸術家かもしれません。若い頃、私はサヴォナローラに強く心を動かされました。フィレンツェの大聖堂までその説教を聞きに行き、出版されるとまた読みました。サヴォナローラは悪魔との想像の対話を弁じ、また突然、聴衆の一部を見やって「ぬるま湯に浸かっているがごとき汝等よ」「歩く銭袋よ」「ソドムの者たち〔悪徳のために神によって滅ぼされた古代都市、転じて男色家〕よ」と呼びかけるのです。今でもあの声がこの耳に聞こえてきます。最後に彼の説教を聴いたのはフィレンツェからの最初の逃亡前でしたが、あれには身の毛がよだちましたよ。あの説教師はクライマックスで、「見よ、この地に洪水がもたらされんぞ」と耳をつんざくような声で叫んだのです。私が

システィーナ礼拝堂を描いている頃、教皇ユリウス2世は中央イタリアで戦闘を繰り広げ、ローマを留守にしていました。サヴォナローラに感化された私は、ローマでは聖杯が兜や剣になり、手桶一杯ものキリストの血が売られていると詩に詠んで、当時の状況を嘆いたのです。

── サヴォナローラがフィレンツェ共和国の精神的指導者として仰がれていた最中、短期間、故郷へ戻られたのでしたね。古代の作品と偽って売ることになったあの《クーピドー》をフィレンツェで制作され、それから《バッコス》制作のためにローマへ発たれました。矛盾していると思われませんか。これらの彫像はとりわけキリスト教的とは言えないのでは……。

「眠るクーピドー」は現世の快楽のはかなさを意味しているのです。私が洗礼者ヨハネを彫ったこともお忘れにならないでください。当時のフィレンツェでは経済が混乱していたうえに、サヴォナローラが放縦や不道徳を激しく非難した結

果、学芸の庇護にとっていっそう不利な状況が生まれ、世に言うあの「虚栄の火炙り（ひあぶり）」に至ったのです。もしもサヴォナローラが、私という多少なりとも精進（しょうじん）している人間がいるのを知ってくれていたら、事態はちがっていたかもしれません。とはいえ、サヴォナローラが現代のがらくた同然のものをすべて燃やしてしまったのはきわめて正しいことだったと確信しています。

　私はあのとき、ローマの教会の枢機卿だったラファエッレ・リアーリオの召喚に応じてローマに行ったのです。《バッコス》には、われわれの宗教にそぐわない、卑猥だなどと言われるところはまったくありません。あの泥酔状態は受難のキリストが経験する譫妄（せんもう）状態の予示ですし、ぶどう酒は聖体拝領におけるように、キリストが人間の罪のために贖われた血を象徴しています。システィーナ礼拝堂に「ノアの泥酔」を描いたのも同じ理由からです。サヴォナローラが絞首刑にされ、火炙りにされたときは、私はあるフランスの枢機卿の墓碑を飾るためのあの偉大なる《ピエタ》を彫っていました。

——　では、サヴォナローラの思想に共鳴できるところがあったのですね。宗教改革にも共感されたのですか。

教会が二派に分裂したことはわれわれの時代の大いなる悲劇です。ローマ教会がサヴォナローラの言葉を聞き入れ、腐敗と無知を根絶していたならば、分裂を避けられたことでしょう。私の《最後の審判》を見てくれたなら、サヴォナローラはその意義をきっと認めてくれたと思います。あれはシスティーナ礼拝堂の祭壇の背後壁全体を占めています。しかもそこは、新しい教皇を選出するコンクラーベを行う場所なのです。あなたがたが罪を犯せば、ご自身に何が待っているかをよく肝に銘じなさい。教会の指導者たちに向かって、あの絵はそう警告しているのです。

　私の貴族の友人、ヴィットーリア・コロンナは、プロテスタントの改革者たちに強く共感するところがあって、いずれ二派に和解が訪れると考えていました。ミサは物質的な秘蹟にすぎず、それを行う聖職者からでは、礼拝者は恩寵を授かることはできないのであって、神の恩寵は私たち信者による

キリストの正義の信仰いかんに掛かっている、プロテスタントの改革者と同じように、あの人もそう信じていました。しかしながら、信仰によってのみ義とされる、このことの実践だけが優れた芸術制作に必要だとあの人が考えていたわけではありません。私も巡礼に出たり、援助の必要な貧者に喜捨をしに行ったりしました。私の最近の作品──ヴィットーリアのために描いたものもあります──、その大半が私自身のキリスト信仰の証です。受難にある主の御姿とそれを終えられた御姿を繰り返し描きました。ご覧ください（インタビュアーに手渡しながら）、この黒チョークの素描がそうです。

──Y字形の十字架の上にキリストがおり、背後から歩み寄ってくるふたりの人物がその両脇に描かれていますね。どの輪郭線も繰り返し描き直されていて、まるで蜃気楼を見ているようです。画中のものが皆震えてゆらゆらして見えます、十字架もキリストの頭部さえも。

私はまだ信仰に出会う途上にある人々を示したかったので

す。神は人類の救済のためにご自分の息子に受肉させ、十字架につけられた。信じがたいようなお考えです。しかしこの分別を失わせるほど衝撃的な真実が、十字架の背後から現れる脇役たちの前で、今まさにその全貌を現そうとしているのです。まだ今はそのときではない、だから、すべてが「ぼんやり」としているのです。キリストの左側の男はどこにいて、どこに行こうとしているのか、とりわけはっきりとしない。ヴィットーリア・コロンナに献呈した私のマドリガルはこの男の発言を多少なりとも表しています。それは大体こういうものです。

　　あるときは右足に乗せ、
　　あるときは左足に乗せ、
　　交互に足を引き摺りながら、
　　私は贖罪を求めている。
　　悩み多き私の心は悪徳と美徳の間を動き、
　　私を憔悴させる。
　　どの道を行こうとも、

天を、

それが隠され、先が見えないゆえに、

天を見ることのできぬ者のようだ、この私は。

―― しかしこの詩は、はたして人々に安寧(あんねい)を与えてくれるのでしょうか。あなたの描かれた、十字架上のキリストのぼんやりとした姿は、よりはっきりと見えてくるのかもしれないし、見えてこないのかもしれません。あなたはキリストの姿を何度も何度も線描することを強いられているようですが、依然、キリストは「ぼんやり」と現れているのです。私たちが今、眼にしているこの像は、あのサン・ピエトロ大聖堂の《ピエタ》に見る、入念かつ明瞭に輪郭づけられた、運動競技者のようなキリストの身体からはかけ離れています。

私が表現したかったのは、キリスト教信者の誰もがキリストの死について考えたときに感じるにちがいない心の動揺なのです。老齢で、もはや私の手は、かつてのようなしっかりとした線を引いてくれません。しかも老眼です。ですが、この

磔刑像では、私は震えるような線を誇張さえして、その感情を表現しようとしたのです。

—— 芸術は、私たち人類が選ぶべき「道」を示せると、今でも信じておられますか。

人類がかつてに比べ、天国からも魂の復活からも、ずっと遠ざかってしまったのは疑いありません。フランスがはじめてイタリアに侵攻して以来、このイタリアは戦禍に次ぐ戦禍に見舞われ、ヨーロッパにおける戦争の主要舞台となってしまいました。サヴォナローラの信仰によれば、こうした事態はわれわれが犯した罪ゆえに当然受けるべき罰なのです。フランスは国のお家芸の大砲と火器弾薬をこの地にもたらしただけでなく、もっと致命的なものを運び込みました。性病です。だから、私たちはこの病気をフランス梅毒と呼ぶのです。いまやローマさえ略奪され、宗教改革が教皇の威信すら骨抜きにしました。私は家の吹き抜けに、棺桶を運んでいる骸骨〔死神〕を描きました。そして次のような警句を付けました。「自

らの身体、魂、霊を現世に与えた汝らに、我、告げる。汝らはこの暗い柩のなかで最後を迎えるだろう」。しかし、それでもなお希望がある、私はそう信じています。先ほどお見せした私の素描ですが、一番はっきりと描かれている部分はキリストの右手です。その人差し指は上方を指しており、われわれに「道」を示しているのです。私の設計した新しいサン・ピエトロ大聖堂が完成したときには、その頂塔も同じように、私たちの道しるべとなってくれることでしょう。

参考文献
「読者の方々、私ミケランジェロ・ブオナローティと、もう一杯コーヒーをいかがですか」

一次文献
E. H. Ramsden (trans. and ed.), *The Letters of Michelangelo* (London: Peter Owen, 1963; Stanford: Stanford University Press, 1963) 大半は事務的な手紙ですが、ミケランジェロの人格を理解するうえで格好の文献。主要な手紙は下記文献に収録されています。

Creighton Gilbert, *Complete Poems and Selected Letters of Michelangelo* (Princeton: Princeton University Press, 1964)

Christopher Ryan (trans. and ed.), *Michelangelo, The Poems* (London: J. M. Dent & Sons, 1996)〔『ミケランジェロの手紙』ジョヴァンニ・ポッジ編、杉浦明平訳、岩波書店、1995 年〕 イタリア語と英語の対訳。ミケランジェロによる詩の、最も入手しやすい詞華集。

初期の伝記と批評
Ascanio Condivi, *The Life of Michelangelo*, intro. C. Robertson (London: Pallas Athene, 2006)

Ascanio Condivi, *The Life of Michelanglo*, trans. and ed. A. S. Wohl (Pennsylvania: Penn State University Press, 1999)〔アスカニオ・コンディヴィ『ミケランジェロ伝――付、ミケランジェロの詩と手紙』高田博厚訳、岩崎美術社、1978 年〕 1976 年初版の増補改訂ペーパーバック版。コンディーヴィの『伝記』初版にミケランジェロ自身がつけたコメントが加えられています。

Francisco de Holanda, *Dialogues with Michelangelo*, intro. D. Hemsoll (London: Pallas Athene, 2006)〔抄訳:フランシスコ・デ・ホランダ著『古画論』および『ローマでの対話あるいは古画論第二書』小佐野重利訳、『西洋美術研究』第 13 号、2007 年、三元社、185-202 頁〕

Giorgio Vasari, *The Life of Michelangelo*, intro. D. Hemsoll (London: Pallas Athene, 2006)〔ジョルジョ・ヴァザーリ『ルネサンス画人伝』平川祐弘・小谷年司・田中英道訳、白水社、2009 年〕

ミケランジェロ芸術全般を扱った研究書と作品カタログ
J. S. Ackerman, *The Architecture of Michelangelo* (London: Penguin Books, 1970)〔ジェームズ・S・アッカーマン『ミケランジェロの建築』中森義宗訳、彰国社、1976 年〕 ミケランジェロの建築についてのスタンダードな文献です。

G. C. Argan and B. Contardi, *Michelangelo: Architect* (London: Phaidon Press, 2004) 図解・図版の豊富な文献ですが、解説文に明瞭さが欠けるのが残念!

G. Bull, *Michelangelo* (London: Viking, 1995;

New York: St. Martin's Griffin, 1998) 標準的な伝記をお求めの方に役立ちます。

J. Hall, *Michelangelo and the Reinvention of the Human Body* (London: Chatto and Windus, 2005; New York: Farrar, Straus, and Giroux, 2005) 人物像の身体言語や女性、比例、解剖などの問題に注目した、本書著者による概括的な、本書著者の研究です。

H. Hibbard, *Michelangelo* (London: Allen Lane, 1975; New York: Harper Collins, 1985)〔ハワード・ヒバード『ミケランジェロ』中山修一・小野康男訳、法政大学出版局、1986 年〕 様々な問題を満遍なく扱った今なお最良の入門書。

M. Hirst, *Michelangelo and his Drawings* (London and New Haven: Yale University Press, 1988) ミケランジェロ芸術の急所を押さえたスタンダードな入門書。

A. Hughes, *Michelangelo* (London: Phaidon, 1997)〔アンソニー・ヒューズ『ミケランジェロ』森田義之訳、岩波書店、2001 年〕 図版・図解がすばらしく整った総括的な入門書。歴史的背景にも十分な配慮がなされています。

The Last Judgment: A Glorious Restoration (New York: Harry N. Abrams, Inc., 1997) 図版・図解が豊富な、役立つ論考を収めた論集です。

C. de Tolnay, *Michelangelo*, 5 vols. (New York: Princeton University Press, 1943-60) 現在から見ると、ミケランジェロの英雄主義を強調しすぎるきらいがありますが、近代ミケランジェロ研究の礎石であることに変わりはありません。かくも優れた図版集成はまだ他には見あたりません。

C. de Tolnay, *Corpus dei Disegni di Michelangelo*, 4 vols. (Novara: Istituto Geografico De Agostini, 1975-80)〔シャルル・ド・トルネイ『ミケランジェロ素描全集（全4巻）』監修：摩寿意善郎・吉川逸治、日本版編集：佐々木英也・高階秀爾・若桑みどり、講談社、1978-1982 年〕 カラー・ファクシミリ版素描全集です。

P. De Vecchi (ed.), *The Sistine Chapel: A Glorious Restoration* (New York: Harry N. Abrams, Inc., 1999) 図版・図解の豊富な、役立つ文献揃いの論集です。

W. E. Wallace, *Michelangelo: Selected Scholarship in English*, 5 vols. (London and New York: Garland Science, 1995) 現代の研究者たちによる多数の論考を幅広い観点から集めた文献集です。

J. Wilde, *Michelangelo: Six Lectures*. (Oxford and New York: Oxford University Press, 1978 and 1979) 著者は現代ミケランジェロ研究を牽引するひとり。明晰かつ実験的な考察です。

日本語で読める参考書

ポール・バロルスキー『庭園の牧神——ミケランジェロとイタリア・ルネサンスの詩的起源』尾崎彰宏訳、法政大学出版局、

2001 年。
シャルル・ド・トルナイ『ミケランジェロ：芸術と思想』上平貢訳、人文書院、1982 年。
スピーニ、ジョルジョ『ミケランジェロと政治』森田義之・松本典昭訳、刀水書房、2003 年。
ロドヴィーコ・ドルチェ『アレティーノまたは絵画問答』森田義之・越川倫明訳、中央公論美術出版、2006 年。ミケランジェロと同時代の著者が書いた、ミケランジェロとラファエッロの裸体をめぐる比較論。
『システィーナ礼拝堂 500 年祭記念 ミケランジェロ展——天才の軌跡』(展覧会カタログ)、国立西洋美術館、2013 年。

索引

アカデミア・デル・ディセーニョ　34
《曙》　93, 113
アゴスティーノ・ディ・ドゥッチョ　108
アダム　49, 51, 55, 63, 95, 118
《アポロ》　25, 85-86
アポロン　50-51, 86, 99
アリオスト、ルドヴィーコ　26
アルフォンソ・デステ　1 世　25
アルベルティ、レオン・バッティスタ　111
アレティーノ、ピエートロ　27, 58
イグナティウス・デ・ロヨラ　65
ヴァザーリ、ジョルジョ　8, 30-32, 34, 38, 73, 124
ヴァルキ、ベネデット　31, 35
ヴァローリ、バッチョ　25, 85-86
ヴェネツィア　14, 25, 27, 48, 58, 80-82, 85, 88, 93-94, 114
ヴェロッキオ、アンドレーア・デル　45, 98
エヴァ　54-55, 93, 95
大きさ (サイズ)　55, 69, 90, 97-98, 102, 104-105, 116, 119

絵画
　　デッサン (素描) と〜　56-58, 63
　　彫刻と〜　18, 63, 106-108, 115-116
《階段の聖母》　13, 75
解剖　14, 64-71, 109
カヴァリエーリ、トンマーゾ・デイ　25, 34, 62
《カッシナの戦い》　19, 58, 61
ガッリ、ヤーコポ　15-16
カノッサ一族　78
カノッサ伯、アレッサンドロ・ダ　23, 72
紙　61
カラヴァッジョ　48
ガレノス　67
ギベルティ、ロレンツォ　74-75

教会組織 84
　→コンクラーベ
キリスト 16, 19, 22, 27, 33, 49-51, 53, 62, 66-67, 84, 90-91, 98, 101-102, 129-130, 132-133, 135-137, 139
ギルランダイオ兄弟（ダーヴィデ、ドメーニコ） 4, 13, 38, 40-41, 43-44, 46, 63, 115
クレメンス7世（教皇） 24-26, 86-87, 97
《ケンタウロスの戦い》 13, 45, 126
コロンナ、ヴィットーリア 27, 55, 62, 130, 134-136
コロンボ、レアルド 64-66, 69
コンクラーベ 134
コンディーヴィ、アスカーニオ 8, 11, 31-32, 125
《最後の審判》 9-10, 26-27, 51, 53, 55, 84, 102-103, 114, 121, 130, 134
サヴォナローラ、ジローラモ 14, 82, 89-91, 130-134, 138
《サウロ（聖パウロ）の回心》 30
詐欺、贋作 6, 15, 40
自然 60
サンソヴィーノ、アンドレーア 5-6
システィーナ礼拝堂 6, 20-21, 23, 26, 47, 49, 51, 54, 84, 93, 101, 114-115, 121, 132-134
　　フレスコ天井画 21, 23, 47, 54, 93, 101, 114-116, 118, 121
実物デッサン 60-61
尺度 97, 100, 102
肖像 41, 70, 83
ジャンノッティ、ドナート 8
宗教改革 130, 134, 138
《十字架上のキリスト》 33, 50
ジョヴァンニ、ベルトルド・ディ 13, 46
ジョット 42, 118
ストロッツィ、ロベルト 29-30, 124-125
生体解剖 69
《聖ペテロの磔刑》 30
《聖母子》（ブリュージュ） 17

聖母マリア 16, 33, 55, 84, 89, 90-92
《聖マタイ》 20, 50, 122, 127-128
占星術 73, 113
《洗礼者ヨハネ》 15, 132
創造 49, 55, 57, 67, 117, 122
ソクラテス 70
ソドム 131

大理石 16, 106, 108-109, 111-113
対話 8-9, 29, 131
ダヴィデ 18, 59, 100-101
《ダヴィデ》
　　習作の脇に書かれた詩 18, 59
　　象徴としての〜 18, 59, 79, 100-101
　　大理石の〜 6, 17-18, 49, 51, 59, 63, 79, 100-102, 108, 110-111, 126
　　ブロンズの〜 17, 112
《タッデイ・トンド》 18
ダンテ、アリギエーリ 45, 57, 60, 94, 102
チェゼーナ、ビアージョ・ダ 10, 53, 103
彫刻
　　〜のためのスケッチと模型 47, 59, 63
　　安定性 104
　　絵画と〜 18, 63, 106-108, 115-116
　　金属の〜 99, 111-112
　　石と〜 18, 99-100, 106-112, 127-128
ディセーニョ 57
ティツィアーノ 33, 44, 58, 87, 93, 131
デッサン、素描、線描 12-13, 18, 26-27, 34, 39-40, 42, 46-47, 51, 56-63, 65, 77, 107, 118
デューラー、アルブレヒト 44
ドーニ、アントン・フランチェスコ 93
ドナテッロ 74-75, 100, 125
《囚われ人》 29, 124, 126, 129
　　《反抗する奴隷》 22, 30, 129
　　《瀕死の奴隷》 22, 30
ドルチェ、ルドヴィーコ 88
トンド 18
《トンド・ドーニ》 18, 43

索引　143

ニムロド 102-103
《眠るクーピドー》 5, 15, 132

パウルス3世（教皇） 26, 30
パウルス4世（教皇） 33
《バッコス》 15, 96, 104, 132-133
《ピエタ》（サン・ピエトロ大聖堂） 6, 16, 49, 67, 133, 137
《ピエタ》（フィレンツェ） 32
ピグマリオン伝説 93-94, 98
《ピッティ・トンド》 18
《昼》 70
フィツィーノ、マルシーリョ 52
フィレンツェ 56-58, 74
　　アカデミア・デル・ディセーニョ 34
　　サン・ロレンツォ聖堂 23-26, 30, 35, 97
　　政治史 14-15, 23-26, 80, 82-83, 85
ブオナローティ、シジスモンド（弟） 4
ブオナローティ、フランチェスカ（母） 12
ブオナローティ、ミケランジェロ
　　→ミケランジェロ
ブオナローティ、レオナルド（甥） 35
ブオナローティ、ロドヴィーコ（父） 11-13, 25
復活 53, 121, 138
《復活のキリスト》 22
プラトニック・ラブ 52
ブラマンテ、ドナート 5, 47, 116, 123
フランス、フランス人 4, 14, 16-17, 82, 112, 117, 133, 138
フランドル絵画 41, 43, 117
《ブルートゥス》 28, 86
ブルネッレスキ、フィリッポ 47
フレスコ画（フレスコ技法） 19-21, 28, 31, 41-42, 53, 58, 77, 93, 103, 115-116, 118
ペトラルカ 18, 45, 57, 59
《ヘラクレス》 14
ボッカチョ、ジョヴァンニ 57
ボッティチェッリ、サンドロ 98
ホランダ、フランシスコ・デ 8
ポリツィアーノ、アンジェロ 14, 45, 57

マザッチョ 42-43, 118
ミケランジェロ
　　石切場 16, 39, 46-47, 99, 108-109
　　乳母 12, 39
　　絵画・彫刻比較論 18, 63, 104, 106, 112-113
　　解剖学 14, 64-67, 69
　　家族と背景 4, 11-13, 16, 39-40
　　記憶 60
　　教育と修業 13-14, 38-42, 54-57
　　作中人物としてのミケランジェロ 8
　　芸術と芸術家像 74, 77-78, 81, 87, 94
　　建築作品 4, 7, 9, 23-24, 30, 46-47
　　古代（ギリシャ・ローマ）人 20, 31, 50, 81, 93-95, 99, 110
　　作品 →個々の作品を参照のこと
　　死 68, 137
　　詩・詩作 7, 14, 18, 25-27, 29, 31-32, 55, 59-60, 103, 105-6, 110, 112, 128, 130, 132, 136
　　自己投影 120-121
　　自作の破壊 23, 34-35, 62
　　宗教 33, 49-55, 67, 73, 84, 117-121, 130-139
　　女性 54-55, 81, 88-96
　　身体 48-55, 60, 64-71, 92-96
　　性格 4-5, 9-11, 24, 32, 72-73, 75-76
　　成功／名誉 19, 23, 27, 31, 34-35, 78, 114, 130
　　政治 4-5, 15, 26, 29, 79-80
　　占星術 11, 73
　　生涯 4-5, 11-34
　　素描 18, 23, 28, 34, 56, 61-63
　　男性身体 48-55, 60, 69-70, 95-96
　　弟子 76-77
　　同時代の伝記 8, 31-32, 58-59
　　墓 35
　　庇護者 4, 13, 15-17, 19
　　プロポーション 98
　　未完成のプロジェクトと構想 6, 19, 22,

35, 100, 122-129
　　モデル　83, 93
　　恋愛関係　25-26
メディチ家　13, 21-22, 24-26, 30, 34-35, 40, 43-45, 52, 79, 81-83, 85-86, 97, 99, 115
メディチ、アレッサンドロ・デ　28, 86
メディチ、コージモ・デ（コージモ・イル・ヴェッキオ）　75
メディチ1世、コージモ・デ（大公）　29, 34
メディチ、ジュオリオ・デ　→クレメンス7世
メディチ、ジュリアーノ・デ　83-84, 96
メディチ、ジュリアーノ・デ（ヌムール公）　83-84
メディチ、ピエーロ・デ　4, 14
メディチ、ロレンツォ・デ　13-14, 24, 40, 43-45, 52, 66, 82, 99, 110, 126
メディチ、ロレンツォ・デ（ウルビーノ公）　83, 112
メディチ礼拝堂　24, 29, 35, 70, 84-85, 89, 93, 96, 113, 125
《モーセ》　7, 22, 28

ユリウス2世（教皇）　19, 21, 47, 97, 112, 132
　　座像　21, 112
　　墓廟　5-6, 19-20, 22-25, 27-29, 32, 99, 115, 123-124
ヨナ　119-121
《夜》　29, 43, 89, 93

ラウレンツィアーナ図書館　24, 30
裸体像、イニュード（裸体青年像）　17, 48-51, 54, 88, 118
ラファエッロ　5, 21, 38, 44, 77, 87, 98, 131
リアーリオ、ラファエッレ　15, 133
リッチョ、ルイージ・デル　26
レオ10世（教皇）　21, 23-24, 84, 97
レオナルド・ダ・ヴィンチ　18-19, 35, 41, 44, 57, 71, 92, 106-107, 111, 117, 128, 131
　　絵画・彫刻比較論　18, 106-108
　　宗教　92, 131

戦闘図（《アンギアーリの戦い》）　19, 58
《レダと白鳥》　25
ローマ
　　カピトリーノの丘　29
　　サン・ピエトロ大聖堂　6-7, 16, 20, 22, 28, 30, 33, 49, 67, 84, 116, 123, 130, 137, 139
　　→システィーナ礼拝堂
　　ファルネーゼ宮　30, 77
ロダン、オーギュスト　48
ロマーノ、ジューリオ　77
《ロンダニーニのピエタ》　32

索引　145

訳者あとがき

　巨匠(マエストロ)とのインタビューが始まるやいなや、私たち読者は対話の直接性のなかに放り込まれ、まるでミケランジェロ本人が真実を次々と語り出したかのように感じます。図版が皆無の本書は「小伝」が退屈ではないかと心配でしたが、この「ほんのしばらくの退屈」が著者ホールの術策と気づくや、訳者の杞憂(きゆう)だと気づきました。逸話的な面白みをあえて倹約した部分があってこそ、つづく「対話」篇が活きてくるのです。

　ところで、天才はしばしば奇人と心得てはいても、「脚の皮膚と一体化してしまった犬革の長靴」の件 (本書76頁) はあまりに「作り話」めいています。しかしミケランジェロ・ファンならばご存じのように、これはコンディーヴィによる巨匠「お墨付きの自伝 (本書4頁)」にも、ヴァザーリによる伝記にも見える話なのです。靴を「たまに脱ぐとまるで蛇のように皮が一緒に付いて来た (高田博厚訳)」と前者に書かれています。着替えもせず靴さえ脱がずに制作する芸術家。そこに私たちは「不潔な変人」を見るのでしょうか、それとも敬虔なキリ

スト者の「清貧」の理想を読み取るのでしょうか。あるいはミケランジェロだけの「おまじない」があったのかもしれません。些か突飛に思えたり、真実味が希薄に思えたりするような発言は他にも現れます。たしかにその多くは、過去の偉大な芸術家を読者に身近な存在として造形する工夫から生まれた著者の創作ですが、そうした類の発言ですらけっして完全な虚構(フィクション)ではないことを、たった一例ですが図版(61頁)を挙げましたので、知っていただければ幸いです。

　ホールをはじめ歴史家たちは、芸術家こそが「天才神話」を創りだす「原作者」であることに注目し、そこにミケランジェロの「近代的な意識」を見てきました。彼はどんな自己像を残したいと考えていたのでしょう。「歴史」には付き物の「虚実のあわい」を求めて、ミケランジェロと「コーヒーをもう一杯」(参考文献) お楽しみください。

大木麻利子

著者紹介

ジェイムズ・ホール [James Hall]

かつて英国の日刊紙「ガーディアン」の美術批評を担当したホールは、フリーランスの美術批評家・美術史家・大学講師。代表作は彫刻を主題とする二著、*The World as Sculpture: The Changing Status of Sculpture from the Renaissance to the Present Day* (London, 1999) と *Michelangelo and the Reinvention of the Human Body* (London 2005) である。

ジョン・ジュリアス・ノリッジ [John Julius Norwich]

ジョン・ジュリアス・ノリッジは英国の文筆家。放送番組の司会、講演を通じてその名を知られている。彼の『ヴェネツィア史』はスタンダードとなった一冊。ワールド・モニュメント財団副議長を務める。

訳者紹介

大木麻利子 [Mariko Ohki]

翻訳家、美術史家。慶應義塾大学美学美術史学科後期博士課程修了。論文に「絵画の内容としての『気分』と色彩」(前田富士男編『色彩からみる近代——ゲーテより現代へ』三元社、2013年所収)、訳書にアンリ・ラララマン著『ポール・セザンヌ』(日本経済新聞社、1996年) など。

ミケランジェロとコーヒータイム

著者	ジェイムズ・ホール
	ジョン・ジュリアス・ノリッジ (まえがき)
訳者	大木麻利子
イラスト	ヤギワタル
発行日	2016年8月15日　初版第1刷発行
発行所	株式会社 三元社
	東京都文京区本郷1-28-36　鳳明ビル1階
	電話 03-5803-4155　ファックス 03-5803-4156
印刷+製本	シナノ印刷 株式会社
コード	ISBN978-4-88303-392-8